Walter Hanoldt

Zwischen Lippenbremse und Nasenbrille

Mein Leben mit COPD

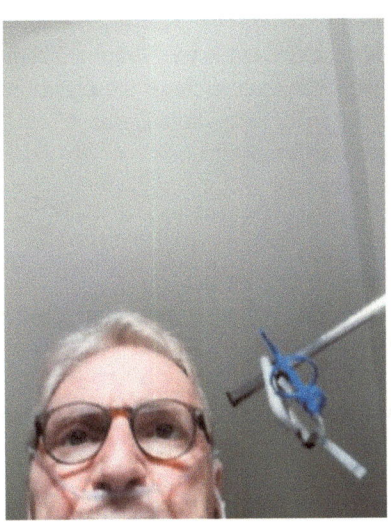

Bibliografische Information der Deutschen Nationalbibliothek
Die Deutsche Nationalbibliothek verzeichnet diese Publikation
in der Deutschen Nationalbibliografie; detaillierte
bibliografische Daten sind im Internet über
http://dnb.de-nb.de abrufbar.

TWENTYSIX – Der Selfpublishing-Verlag
Eine Kooperation zwischen der Verlagsgruppe Random House
und BoD – Books on Demand

Herstellung und Verlag: BoD - Books on Demand, Norderstedt

ISBN 9783740769284

Inhaltsverzeichnis

Vorwort

Ich werde im Sommer 2019 neunundsechzig Jahre alt. Am 2. März 2018 habe ich nach etwa 42 Jahren am Ende exzessiven Rauchens meine letzte Zigarette ausgedrückt. Wer jetzt nachrechnet, kommt zu dem Schluss, dass ich doch relativ spät mit diesem Laster angefangen haben muss. Das ist richtig, hilft mir am Ende aber nicht weiter. Ich bin schwer an COPD erkrankt, meine Lebenskreise werden beinahe von Monat zu Monat enger.

Dieses Buch wird keine medizinisch-fachmännisch basierte Darstellung oder Beschreibung der Krankheit COPD. Das kann und will ich trotz aller Krankenhausaufenthalte, auch nach allen Arztkonsultationen und Googlerecherchen, nicht leisten. Ich will nur erzählen, was diese Krankheit mit mir und meinem Leben gemacht hat.

Dieses Buch wird auch keine Anleitung zum Aufhören mit dem Rauchen. Das überlasse ich Allen Carr oder der Bundeszentrale für gesundheitliche Aufklärung. Ich überlasse es allen Therapeuten, egal, ob sie damit nur Geld verdienen oder ehrlich helfen wollen. Ich habe beide Gruppen erlebt. Niemand konnte mir helfen. Vielleicht ist es ehrlicher zu schreiben, ich habe mir von niemandem helfen lassen.

Aber vielleicht findet sich ein Leser in diesem Buch wieder. Vielleicht hält jemand an einem Punkt seines eigenen Weges inne, liest in diesem Buch davon, wie es weitergehen kann und sagt sich – Das sollte ich mir ersparen. Vielleicht gelingt es mir an einigen Stellen auch, so abschreckend zu schreiben, dass die unappetitlichen Bildchen auf den Zigarettenschachteln wie harmlose, bunte Illustrationen erscheinen.

Aber ich will nicht erschrecken. Ich will auch nicht belehren. Ich will von mir schreiben. Und ich will die Hoffnung befördern, dass Aufhören geht.

Aufhören, bevor es zu spät ist.

Prolog

Es ist Freitag, der 2.März 2018. Wir haben uns unseren Pausenkaffee geholt und stehen vor dem Gebäude. Es ist sehr angenehm draußen. Die Sonne scheint nicht nur, sie wärmt auch schon. Die grünen Wipfel der Kiefern wiegen sich unter einem blauen Himmel, der nahenden Frühling verspricht. Davon sind auch die ersten Vögel schon überzeugt, nicht anders ist ihr lärmendes Gezwitscher zu verstehen. Ein Tag zum Durchatmen, ein Tag, an dem es einen ins Freie zieht.

Es könnte aber auch stürmen und regnen, es könnten eisige Frostgrade über mich herfallen, ich würde trotzdem draußen stehen.

Ich bin Raucher.

Ich akzeptiere alle Einschränkungen, die uns Rauchern auferlegt sind. Ich akzeptiere, dass es keinem Nichtraucher zuzumuten ist, einen ge-schlossenen Raum mit uns teilen zu müssen (Ich erinnere mich an Zeiten in den späten 70er Jahren, da im gemeinsamen Lehrerzimmer geraucht werden durfte. Ironischerweise war ich damals noch Nichtraucher).

Also wird draußen geraucht. Zu Hause halten wir es genauso. Nur der Balkon ist für das Rauchen freigegeben. Und da kann es im Winter, zumal in einer Höhe von 15 Stockwerken, schon sehr eisig ziehen. Und so freut man sich, wenn solch ein Winter wieder überstanden ist und mit dem Rauch einer Zigarette gleichzeitig wärmende Sonnenstrahlen genossen werden können.

So auch an diesem Tag im März 2018. Nur dass ich diese Zigarette (wie schon etliche davor) nicht mehr richtig genießen kann. Quälender Husten schiebt sich immer wieder zwischen die einzelnen Züge, ich kann den Rauch nicht mehr inhalieren, atme ihn nur noch ganz flach ein, was mich trotzdem gleich wieder zum nächsten Hustenanfall treibt.

Ich drücke die Zigarette aus. Wenige Minuten später lässt mich die Sucht erneut zur Schachtel greifen. Wieder krampfartiges Husten, schon wenn ich die Zigarette anzünde und erst recht, wenn ich sie zum Mund führe.

ICH KANN NICHT MEHR RAUCHEN!

Es ist kein Satz, der das Vorhaben „Ich höre auf!" als Konsequenz nach sich zöge. Es ist kein Satz, der seinen Ursprung im Verstand hat. Es ist ein Satz, der aus meinem Körper kommt.

ES GEHT NICHT MEHR.

Augenblicksbeschreibung
Sommer 2019

> *Das Atmen ist die erste und letzte Handlung im Leben.*
>
> *(unbekannt)*

Dieses und weitere Zitate, die ich immer mal wieder in mein Schreiben einfließen lassen möchte, habe ich auf der Internetseite www.aphorismen.de gefunden. Bei meinen Recherchen sind mir dabei die Namen von zwei Autoren aufgefallen: Wolfgang Mocker (1954-2009) und Wolfgang J. Reus (1959-2006).

Der erstere, weil sein Leben kurz mit dem meinen verbunden war. Wir studierten zu fast gleicher Zeit an der Pädagogischen Hochschule in Potsdam. Damals habe ich ihn bewundert, weil er den Mut aufgebracht hatte, sein Studium abzubrechen, was zu DDR-Zeiten kein komplikationsloser Schritt war. Wolfgang J. Reus fiel mir auf, weil auch ihm nur eine kurze Lebensspanne gegeben war und die Art, bzw. der Inhalt seiner Gedankenkonzentrate in mir den Schluss aufkommen ließen, dass Krankheit, möglicherweise Folge von Rauchen, sein Leben zu früh beendete.

Die Webseite www.wolfgang-reus.de , die immer noch erreichbar ist, zeigt ein als Karikatur angelegtes Portrait von ihm mit qualmender Zigarette. Man möge mir verzeihen, wenn ich falsch schlussfolgere, aber alle weiteren Recherchen von mir im Netz brachten keine

Auskunft, weshalb ihm nur ein so kurzes Leben beschieden war.
Es ist nicht von Bedeutung für mein Schreiben.
Was viel wichtiger ist und was bleibt, sind die wunderbaren klugen Gedanken, die uns die beiden hinterlassen haben.
Und die Erkenntnis, dass sich eigenes „Leid", gemessen am Schicksal anderer Menschen, immer wieder relativiert und mit anderer Brennweite betrachtet werden kann.
Ich werde beide Autoren nicht verwenden dürfen. Dazu müsste ich vorher bei den Rechteinhabern die Erlaubnis einholen. Dazu fehlt mir leider die Zeit.
Aber Werbung für die beiden werde ich doch machen dürfen?

Ich bin im Sommer 2019 neunundsechzig Jahre alt, einen Meter und achtundsiebzig Zentimeter groß und wiege etwas über neunzig Kilo.
Auch ohne es auszurechnen weiß ich, dass mein BMI nicht zum Angeben taugt.

Dazu kommt, dass sich die – ich lege mich jetzt mal fest – 91,4 kg sehr unvorteilhaft verteilen.
Dazu auch noch ungerecht. Meine Beine werden immer dünner. Prozentual gesehen wird ihr Anteil an meinem Gesamtgewicht immer geringer.
Gleichzeitig müssen sie aber immer mehr Arbeit leisten, sprich Gewicht tragen. Weil – über ihnen wölbt sich ein zunehmend ausladender Leib. Ich

schreibe nicht Bauch. Da ist noch mehr dran, Hüftspeck links und rechts zum Beispiel. Wer mit seinen Kindern schon einmal aus Kastanien und Streichhölzern Herbstmännchen gebaut hat, kennt mich. Oder er hat zumindest ein Bild von mir in seinem Kopf.

Sollte jetzt jemand wegen dieser Beschreibung lachen, bin ich selber schuld daran. Denn eigentlich finde ich es gar nicht so lustig, wie ich möglicherweise hier den Anschein erwecke. Meiner Frau Bärbel gehe ich manchmal mit meinem Hang zum Blödeln auf die Nerven. Vielleicht nicht nur ihr. Aber es gibt auch Tage, an denen ich nur depressiv bin und tatsächlich viel heule. Und jetzt sagt mir, was euch besser gefällt.

Aber noch einmal mit Ernsthaftigkeit zurück zum Thema Leibesfülle. Die ist auch eine Folge der vielen Medikamente, die ich über den Tag verteilt zu mir nehme. Viele dieser Medikamente bauen auf den Wirkstoff Prednisolon bzw. Kortison. Als Dauermedikament eingenommen konfrontiert einen das schon mit einer längeren Auflistung von nicht erwünschten, weil schädlichen Nebenwirkungen. Unter anderem das beschriebene körperliche Aufquellen, aber auch Depressionen, die ich ja auch schon erwähnte.

Es muss schon gute und wichtige Gründe geben,

dieses Medikament zu verschreiben.

Bisher beschrieb ich nur die weniger dramatischen Puzzleteile meines augenblicklichen Zustands. Bisher geht es allein um Äußerlichkeiten. Dazu gehören auch rot – blau verfärbte Unterarme. Es sind Unterblutungen, auch von Kortison verursacht. Ich werde noch ausführlicher darauf eingehen. Und auch wenn Eitelkeit mir schon länger kein Tagesbegleiter mehr ist, unangenehm ist es schon, sich damit in der Öffentlichkeit zu bewegen. Aber Peinlichkeit schränkt mich wenigstens nicht körperlich ein.

Luftnot schon.

Es ist nicht so, dass ich gar keine Luft bekäme. Aber es ist immer so, dass ich zu wenig Luft bekomme. Schon bei kleinsten Anstrengungen gerate ich außer Atem. Das kann schon der morgendliche Weg vom Bett zur Toilette sein. Und wenn ich dann zurückkehre ins Schlafzimmer, brauche ich eine Pause vor dem Anziehen und ich brauche weitere Pausen nach fast jedem einzelnen Kleidungsstück. Die Strecken, die ich ohne Pause zurücklegen kann, werden immer kürzer. Und ich gehe sie immer mehr lieber allein. Weil ich dann selber das Tempo oder die Pausen zwischen den langsamen Schritten bestimmen kann.

Jeder Tag ist anders. Es gibt auch bessere Tage darunter. Aber es ist eine Wellenlinie, die in ihrer

Gesamtheit abwärts führt. Der obere Scheitelpunkt der Welle wird nach einem Tief selten wieder die Höhe des vorangegangenen erreichen, ein Tiefpunkt wird immer spürbarer sein als der davor erlebte.

Diese Augenblicksbeschreibung ist vom Sommer 2019. Im Juli bin ich 69 Jahre alt geworden. Es ist wichtig, einen Punkt zu mar-kieren, denn COPD ist eine fort-schreitende Krankheit. Es gibt keine Besserung, man kann den laufenden Verfall nur verlangsamen. Aufzuhalten ist er nicht. Es kann grausam für den Betroffenen sein, das zu begreifen und das zu erleben.

Im Juni hat man schon Urlaubspläne für den Sommer gemacht. Jahrelang waren wir auf der Insel Hiddensee. Wir haben diese Insel geliebt – wir lieben sie heute noch - wir waren dankbar dafür, immer wieder eine Unterkunft auf diesem traumhaften Flecken Erde erkämpft zu haben. Ich werde diese Insel nicht wiedersehen. Die wunderschönen, aber weiten Wege über die Insel, die Hürde Düne auf dem Weg zum Strand, der Gang über den weichen, wunderbar weiten Sand des Strandes zum Wasser, all das schaffe ich nicht mehr.

Es gibt immer mehr Momente des Begreifens – das wirst du nicht mehr erleben, das schaffst du nicht mehr.

Ich erinnere mich an den Film „Das Beste kommt zum Schluss" mit Morgan Freeman und Jack Nickolson. Was für ein wunderbarer Film, was für großartige Schauspieler. Meine persönliche Bucket List wäre sicher nicht kürzer oder weniger inhaltsreich. Aber weder mit dem Geld des Krankenhauskonzernchefs Jack Nicholson noch mit der noch einmal aufblühenden Lebensfreude Morgan Freemans könnte ich meine Bucket List abarbeiten. Ich würde es nicht schaffen. Ich wäre dazu körperlich nicht mehr in der Lage.

Inzwischen ist jede Fortbewegung von mir mit Luftknappheit verbunden. Wenn ich früher nach einem Fußmarsch zur Kaufhalle erst einmal verschnaufen musste, bevor ich zum Beispiel am Backwarenstand meine Wünsche artikulieren konnte, muss ich heute schon auf dem Hinweg mehrere Pausen einlegen, in denen ich nach Atem ringe. Selbst der Gang durch die Kaufhalle, gestützt auf einen Einkaufswagen, braucht Pausen. Ich kenne inzwischen von fast allen Tütensuppen die Kochanleitung. Und ja, inzwischen fahre ich fast ausschließlich nur noch mit dem Auto einkaufen. Ich muss ja das Eingekaufte auch nach Hause bringen. Und auch wenn ich schon länger nicht mehr für die schwereren Dinge , wie zum

Beispiel Getränke, zuständig bin, weil das meine Frau übernommen hat (verwendet man heute eigentlich noch die Bezeichnung das „schwache Geschlecht"?), ich muss ja auch das wenige von mir Gekaufte nach Hause bringen. Und wenn ich schon den Hinweg ohne Eingekauftes kaum bewältige, wie soll dann erst der Heimweg aussehen? Ich trage ja keine dünnen Tütensuppen nach Hause. Die studiere ich nur in der Kaufhalle, um Zeit zum Atmen zu gewinnen.

Es geht immer wieder um diesen einen Punkt - ich bekomme zu wenig Luft.

Es ist so, als wenn das Volumen des zu beatmenden Raums nicht ausreichend für die benötigte Luftmenge ist. Ich atme ein, fülle den Raum, der mir zur Verfügung steht mit Sauerstoff und merke, dass es zu wenig ist. Also atme ich schnell wieder aus, damit ich erneut frischen Sauerstoff zu mir holen kann. Und schon habe ich gleich zwei Fehler gemacht. Das zu wissen und auch bei diversen Schulungen die bessere Atemtechnik gelernt zu haben, hilft nicht immer weiter. Die Notsituation – es fehlt gerade an lebenswichtigem Sauerstoff – lässt mich schnell vergessen, was in diesem Moment richtiges und damit besseres Atmen ist.

Ich stehe dann da und ringe krampfhaft nach Luft. Das soll niemand bemerken. Es wäre mir peinlich, schon gar, wenn ich auf einen Bekannten träfe. Der würde nämlich mit mir reden wollen. Noch schlimmer, er würde Fragen stellen, so wie ich ihm in diesem Augenblick begegne. Und ich könnte nicht reden. Meine Luft reicht doch gerade, mich auf den Beinen zu halten. Das soll mein Gegenüber aber nicht bemerken.

Das Thema Peinlichkeit wird noch Inhalt eines gesonderten Kapitels sein.

Ein Handy ist da sehr hilfreich. Mit dem kann man den Eindruck erwecken, man wäre gerade sehr wichtig beschäftigt, man ist gerade überhaupt nicht ansprechbar. Weil man - mit wem auch immer - gerade Wichtiges zu besprechen hat. Dazu muss das Handy nicht einmal an sein. Man muss es nur richtig halten und reden. Nein, Reden ist ja gerade schwierig. Also mehr aktives Zuhören, ab und zu mal nicken und wichtig „Hm" sagen.

Auch in der Wohnung – und wir haben wahrlich keine übergroße Wohnung, in der lange Wege zu bewältigen wären – spielt Atemnot eine Rolle. An schlechten Tagen durchquere ich die Wohnung nur mit Mühe. Ich lege Pausen ein, stehe dann leicht vornübergebeugt und stütze mich mit beiden Händen ab. Und atme. Was dem gesunden Menschen selbstverständlich ist, verlangt von mir Konzentration und körperlichen Aufwand. Und manch ein Satz wird dabei nicht zu Ende gesprochen, weil der nächste Atemzug für die Lunge gebraucht wird und nicht für das nächste Wort.

Ich lebe inzwischen beständig mit dem Gefühl, zu wenig Luft atmen zu können. Ich erlebe, dass es mir deshalb beständig und zunehmend an Kraft fehlt, meinen Alltag nach meinen Wünschen, aber auch nach den Erfordernissen dieses Alltags zu gestalten.
Ich komme mir vor wie ein Passat Kombi, dem man den Motor eines Fiat Panda eingebaut hat.
Es reicht zu nichts.
Vielleicht ist das Bild auch falsch. Vielleicht habe ich doch meinen 1,8- Liter - VW-Motor. Nur dass von den Zylindern wenigstens zwei ausgefallen sind. Und auch dieses Bild ist falsch. Den Passat kann man in eine Werkstatt bringen und reparieren lassen.

Es gibt keine Werkstatt, die (m)eine Lunge repariert.

Mit einem derart pessimistischen Satz will ich das Kapitel nicht beenden.

Deshalb:

Wussten Sie, dass Sie zur Zubereitung der Hochzeitssuppe aus dem Tütensuppenangebot von Maggi 500 ml Wasser aufkochen müssen, um dann am Ende vier Teller Suppe zu haben? So kann man genau berechnen, wie viele Tüten für eine Hochzeitsgesellschaft gebraucht werden.

Niemand soll sich unnötig abschleppen. Und schon gar nicht deswegen unnötig außer Atem geraten.

Nein, so auch nicht.

Ich habe das Kapitel „Augenblicksbeschreibung" zwei Mal in Angriff genommen. Somit gibt es auch zwei Mal einen Schluss dazu. Ich finde beide so gut oder wichtig, dass ich auf keinen von beiden verzichten möchte.

Deshalb hier der andere:

Wie ich schon schrieb, bin ich oft depressiv. Ich weiß, was unwiederbringbar hinter mir liegt. Und ich erlebe mich in einer Gegenwart, die auf Grund dieser Krankheit wenig Anlass zu Freude und Optimismus bietet. Ich habe auch schon eine Ahnung von der Zukunft. Weil ich darüber gelesen habe. Weil ich den noch krankeren COPD-Patienten im Krankenhaus erleben konnte. Weil ich inzwischen weiß, dass sich COPD im Ranking der Todesursachen weltweit auf Platz 3 geschoben hat.

Ja, gut.

Wenn also der Blick zurück ob der verlorenen Möglichkeiten traurig macht, der Blick in die Zukunft aber noch die Angst dazu kommen lässt, sollte ich mich dann nicht lieber auf die Gegenwart konzentrieren? Was heute geht, ist sicher sehr viel weniger als noch vor 20 Jahren.
Aber es ist verdammt noch mal immer noch mehr, als mir in 5 Jahren möglich sein wird.
Kann man aus diesem Erkennen nicht auch Lebensfreude gewinnen?

Es gibt so schöne Wolken. Ich hätte gar keine mehr dazu tun müssen ….

Von den Anfängen   1
„Du hast geraucht!"

Ich bin in einer Familie von Nichtrauchern groß
geworden. Niemand in meiner Familie hat jemals
geraucht oder tut es zum jetzigen Zeitpunkt.
Weder meine beiden Brüder noch meine
Schwester. Auch nicht alle weiteren Verzweigungen unseres Stammbaums, den sie initiiert
haben. Sebastian, du bist die Ausnahme, bestätigst
aber nur die Regel. Ich bin also fast der Einzige,
auf jeden Fall der Erste, und ich werde hoffentlich
auch der Letzte sein, der raucht, beziehungsweise
geraucht hat.

Ganz sicher wäre es interessant zu untersuchen,
ob es Zusammenhänge gibt: Ist das Kind, das in
einer Raucherfamilie aufwächst, so sehr von
diesem Erleben geprägt, dass es später
interessierter und damit schneller oder im
Gegenteil gehemmter zu einer Zigarette greifen
wird? Oder wird es im anderen Fall, aufgewachsen
in einer Nichtraucherfamilie, leichter zum Raucher,
weil ihm die abschreckende Erfahrung von
Gestank, verstreuter Asche und hustenden
Familienmitgliedern fehlt? Möglicherweise findet
man entsprechende Untersuchungsergebnisse im
Internet. Ich könnte auch meine Tochter Paula
fragen. Sie ist in einer Raucherfamilie groß
geworden und raucht heute auch. Rückblickend
kann ich mich nur bei ihr entschuldigen. Egal, mit
welcher Rücksichtnahme und hinter wie viel
geschlossenen Türen Eltern rauchen, sie erreichen

ihre Kinder. Mit schlechtem Vorbild, mit schlechtem Geruch, mit schlechten Gewohnheiten. Sicher werden alle Heranwachsenden irgendwann damit konfrontiert sein. Aber muss es gleich neben dem Kinderzimmer beginnen?

Für mich glaube ich festhalten zu können, dass mir fehlendes, abschreckendes Erleben den Zugang zum Rauchen einfacher gemacht hat. Vielleicht brauche ich aber auch nur eine Ausrede, um meine eigene Raucherkarriere zu rechtfertigen.

Meine Mutter habe ich nie mit einer Zigarette gesehen, auch nicht meinen Vater. Den habe ich überhaupt erst gesehen, als ich selber schon mehr als 40 Jahre alt war. Aber das ist eine andere Geschichte, die nicht hierher gehört. Als ich ihn endlich kennen lernte erfuhr ich, dass auch er eine Zeit lang geraucht hatte, sich das Rauchen aber früh, noch in seiner ersten Lebenshälfte, wieder abgewöhnt hatte. Möglicherweise war es nicht früh genug, am Ende seines Lebens starb er an einer schweren Atemwegserkrankung. Ich hätte gern mehr Zeit mit ihm gehabt.

Mein Stiefvater – und ich verwende diesen Titel ganz bewusst, weil ich erlebt habe, dass es zu der in Märchen oft als böse dargestellten Stiefmutter auch ein männliches Pendant geben kann – hat auch nicht geraucht. Und wenn es so klingt, als wenn ich gerade einen negativ gefärbten Unterton in die Geschichte einbringe, liegt das nicht an der einen Backpfeife, die ich neben vielen anderen von ihm bekommen habe.

Aber mit der einen trug es sich so zu:

Ich war wohl etwa 11 oder 12 Jahre alt. Wir wohnten in einem kleinen Dorf, das am Ende einer schmalspurigen Landstraße lag und hinter dessen wenigen Häusern nur noch Felder und Wiesen folgten.

Das S-Bahnzeichen irritiert mich. In meiner Kindheit in diesem Ort wusste ich nicht einmal, dass es überhaupt eine S-Bahn gibt.

Ich musste am Abend immer zu einem Bauern in eine dunkle, abgelegene Ecke dieses abgelegenen Dorfes, um von ihm Ziegenmilch zu holen. Diese sollte gesund für mich sein, wie man mir sagte, und ich habe in diesem Alter auch gelernt, dass das, was mir überhaupt nicht schmeckt, gerade und umso mehr gesund für mich sei.

So wie Lebertran.

Oder eben Ziegenmilch.

Also zog ich jeden Abend mit einer kleinen Aluminiumkanne los, um das zu holen, wogegen sich alles in mir sträubte. Und es war für mich schwer einzusehen, einen Weg auf mich nehmen zu müssen mit all den Ängsten, die einen Anfangspubertierenden in einem unbeleuchteten Dorf am Ende einer schmalspurigen Landstraße anfallen konnten, nur um am Ende des Abends Ziegenmilch trinken zu können, beziehungsweise zu müssen.

Dieser ängstliche Unwille hielt sich so lange, bis ich eines Tages eine fast volle Schachtel Zigaretten fand. Es waren F6, was für die Geschichte nicht von Bedeutung ist und nur deshalb hier Erwähnung findet, weil diese Sorte möglicherweise gemeinsam mit den letzten Menschen mit DDR-Hintergrund und ihren Erinnerungen verschwinden wird.

Damals war die F6 neben der Sorte Deutsche Juwel die Filterzigarette der einfachen arbeitenden Menschen. Wem die filterlosen Casino, Salem oder Turf zu krümelig waren, der wechselte zur F6 mit Filter. Vielleicht war es auch verbunden mit dem Gedanken, dass eine Filterzigarette gesünder sei als der ungefilterte Rauch einer Casino, aber ich vermag heute nicht mehr zu sagen, ob derlei Gedanken damals überhaupt schon eine Rolle spielten.

Und so etwas hielt ich jetzt in den Händen und das allein war schon eine Sensation, denn woher sollte ich als Teenager in einem 400-Seelendorf, in dem jeder jeden kannte und in dem jeder von jedem wusste, ob er rauchte oder nicht und in dem vor allem jeder wusste, dass ich noch nicht rauchen durfte, woher und wozu sollte ich da eine Schachtel Zigaretten haben?

Es gab damals keine Zigarettenautomaten. Zigaretten gab es allein und nur im Dorfkonsum. Wenn man reinkam gleich rechts hinter dem Ladentresen. Aber gleich hinter dem Ladentresen stand auch meine Tante als Verkäuferin. Und meine Tante kannte natürlicherweise auch meinen Onkel und der hatte sehr kurze Informationswege zu meiner Mutter und dieser Informationskreis schloss sich derart schnell, dass seine Informationsgeschwindigkeit heute jedem Internetanbieter zur Ehre gereichen würde. Hätte sich an diesen Umständen nichts mehr geändert, ich wäre heute immer noch Nichtraucher.

Ich besaß also eine Schachtel F6 und musste sie verstecken. Das gelang mir auch, aber was macht es für einen Sinn, Zigaretten zu verstecken statt sie zu rauchen?

Und so zog ich eines Abends mit der Milchkanne durch das dunkle Dorf und rauchte eine F6.

Das Wort „Rauchen" trifft es möglicherweise nicht richtig, aber egal, die Zigarette brannte und ich hustete diesen ersten Versuch in den nächtlichen Abendhimmel des wie ausgestorben daliegenden Dorfes.

Als ich mit der Kanne Ziegenmilch in der Hand den Flur unserer Wohnung betrat (und ich sehe diese Szene auch nach mehr als 50 Jahren immer noch bildlich vor mir), stand plötzlich mein Stiefvater vor mir und seinem Satz „Du hast geraucht!" folgte kein Fragezeichen, sondern eine schallende Ohrfeige.

Heute weiß ich, dass ein Nichtraucher, der noch dazu in einer Nichtraucherumgebung lebt, jeden

verbrannten Tabakskrümel riecht. Damals habe ich ihn ob seiner Wahrnehmungsgabe bestaunt. Nachdem ich die Kränkung der Ohrfeige verdaut hatte.

Das war das erste Mal, dass sich Rauchen für mich als folgenreich erwiesen hatte. Wie freundlich harmlos, wenn ich an die Folgen denke, mit denen ich es heute zu tun habe.

Aber es war – um ehrlich zu sein - nicht die erste Erfahrung, die ich mit Zigaretten gemacht hatte.

Unser Dorf wurde im Frühjahr und im Herbst eines jeden Jahres im Rahmen von Manövern sowjetischer Panzertruppen als Durchgangsstraße zu geheimen Manöverzielen auserwählt. Danach sah unsere Dorfstraße, vor allem die Kreuzung, an der wir wohnten, welche den Panzern eine neue Richtung zu ihren Manöverzielen vorgab, wie ein abgewirtschafteter Braunkohletagebau aus. Aber wenn ein solches Manöver vorbei war, kamen sowjetische Soldaten in unser Dorf, um es wieder befahrbar zu machen. Sie wohnten jeder unter einer kleinen Zeltplane, klaubten mit ihren Feldspaten die Feldsteine aus dem aufgetürmten Sand der ehemaligen Dorfstraße, um sie wieder in eine Ordnung zu bringen, die den Namen Straße verdient. Und sie waren für uns Kinder interessant zu erleben mit ihren Uniformen, ihren freundlichen

Versuchen, sich mit uns zu verständigen und natürlich mit der spannenden Möglichkeit, in einen ihrer Panzer klettern zu dürfen.

Und sie teilten ihren Kascha (Wobei, ich müsste eigentlich schreiben: „ihre Kascha", denn Kascha ist russisch und das „a" am Ende des Wortes verweist auf weibliches Geschlecht. Aber wer möchte da Wert drauf legen, egal, ob **es** ihm geschmeckt hat, oder nicht? Und jetzt habe ich auch noch das sächliche Geschlecht eingebracht. Und damit bin ich am Ende vorbildlich genderneutral, oder?) mit uns, was noch auszuhalten war. Aber sie wollten auch, dass wir ihren in Zeitungspapier gehüllten Machorka mit ihnen rauchten. Und das Seltsame daran war nicht, dass ich als Kind diesen groben Angriff auf meine Gesundheit überlebte, sondern dass mich das nicht für ein Leben lang vom Rauchen ferngehalten hat. Ein Zug von dieser brutalsten Darreichungsform von Tabak hätte dazu eigentlich ausreichen sollen und ich kann mir nicht vorstellen, dass es mehr als ein Zug war, der mir gelang und da ich das hier schreibe, kommt mir der Gedanke, ich hätte Machorka später als Mittel zum Abgewöhnen einsetzen können. Ich meine, man bekämpft doch einen Waldbrand auch, indem man ein Gegenfeuer legt.

Aber ich schweife ab. Von meinen Versuchen, vom Rauchen wieder loszukommen, wird an anderer Stelle mehr zu lesen sein.

Zurück in unser kleines Dorf am Anfang der 60er Jahre.

Später freute ich mich, wenn ich die Ansteckblumen des Demokratischen Frauenbunds Deutschlands, dessen leitende Vertreterin im Dorf meine Mutter war, zu den uninteressierten Bewohnern des Dorfes bringen durfte. Denn bei dem einen Bauern wusste ich von einer angebrochenen Schachtel Zigaretten, die immer auf einem kleinen unscheinbaren Tischchen im Flur zu finden war. Mit welcher Aufregung versuchte ich, möglichst schnell, dabei aber möglichst ohne verräterisches Geräusch, eine Zigarette aus dieser Schachtel zu zerren, um sie dann schnell in einer Hosentasche verschwinden zu lassen. Wie steif waren meine Schritte beim Verlassen des Hauses in der Angst, die Zigarette in meiner Hosentasche könnte zerbrechen und damit zerbröseln. So stakste ich bis in das kleine Wäldchen hinter unserem Dorf, zauberte dort eine heile Zigarette aus den Tiefen meiner Hosentasche und wurde so zum Helden in unserer kleinen Clique von Gleichaltrigen. Aber der gemeinsame Versuch, diese Zigarette dann reihum zu rauchen, ließ niemanden von uns heldenhaft aussehen. Dazu war zu viel Husten im Spiel und zu viel bleiches Erstaunen, dass das der Genuss sein sollte, dem sich viele Erwachsene so leiden-schaftlich hingaben.

Wenn ich anfangs schrieb, dass niemand in meiner Familie rauchte, ist das nicht ganz richtig. Auch meine Großmutter mütterlicherseits rauchte. Nur war sie zu wenig präsent in meinem Leben, als dass sie einen zu großen Einfluss auf mich hätte haben können. Sie wohnte im Westen des damals geteilten Deutschland und kam nur einmal im Jahr zu Besuch. Sie rauchte auch nur sehr wenig, so wenig, dass ich sie nicht rauchend in Erinnerung habe. Sie rauchte aber immerhin so viel, dass der mitgebrachte Tabak nicht für die Dauer des Aufenthalts bei uns reichte, was mir dann den Auftrag bringen konnte, in besagten Dorfkonsum

zu gehen und bei der schon erwähnten Tante hinter dem Verkaufstresen eine Schachtel Zigaretten zu erwerben. Was heute unglaublich klingen mag - bei geltenden Jugendschutzgesetzen und die wird es auch damals schon gegeben haben - ich bekam diese Schachtel und ich bekam sie auch wegen der sicheren Gewissheit aller Beteiligten, dass ich diese Schachtel Zigaretten auch nicht in kleinsten Teilen zum Eigenbedarf verwenden würde.

Es war sicher nicht einfach, und ich weiß heute nicht mehr, wie es mir gelang, aber trotz aller Kontrolle und auch nach dem Berechnen, dass so eine Schachtel zehn Tage reichen müsste, wenn die Großmutter zwei Zigaretten am Tag raucht, gelang es mir, eine, vielleicht sogar zwei Zigaretten in das kleine Wäldchen hinter unserem Dorf zu schmuggeln. Aber es gelang uns nie, das gemeinsame Rauchen zu einem genussvollen Moment werden zu lassen. Zu wenig – und nicht anders konnte es zu diesem Zeitpunkt sein – schmeckte uns diese Zigarette, zu groß war die Angst, entdeckt zu werden. Und die Gefahr des Entdecktwerdens ging nicht allein von aufsteigenden Rauchwolken aus. Die Ohrfeige nach dem Satz „Du hast geraucht!", war mir noch in Erinnerung und erinnerte mich vor allem daran, dass mir das Rauchen noch für andere bemerkbar anhaftete, wenn ich die eigene Übelkeit ob des Rauchens schon überwunden hatte. Und was sollte man gegen den Tabakgeruch tun, der einem länger anhing als die Rauchwolken, die sich schon längst in altmärkischer Luft aufgelöst hatten? Döner gab es zu dieser Zeit noch nicht.

So brachte ich es im Verlauf von etlichen Jahren meiner frühen Jugend auf vielleicht fünf Zigaretten, von denen mir eine eine Ohrfeige, aber keine irgendeine Form von Genuss, Befriedigung oder Erfüllung gebracht hätte.

Es hätte ruhig dabei bleiben können.

Kindheit ist ein unausgesetztes, unschuldiges Horchen an verbotenen Türen. Man erlauscht, was man nicht erlauschen sollte.

Oscar Wilde (1854 – 1900)

Von den Anfängen 2

„Deutsche Juwel und Deutsches Theater" oder
„Stube gereinigt und gelüftet"

Als ich 15 Jahre alt war, kaufte ich meine erste
Schachtel Zigaretten. Es waren Deutsche Juwel
und die einzige Erklärung dafür, dass man mir
diese Schachtel an einem Kiosk des Bahnhofs
Stendal verkaufte, war wohl die Tatsache, dass ich
einen Anzug und ein weißes Hemd mit Schlips
trug. Und das trug sich so zu:

Mit Beginn der neunten Klasse, also ab 1965,
besuchte ich die Erweiterte Oberschule in Stendal,
um es dort später bis zum Abitur zu schaffen. Ich
fuhr also jeden Tag mit dem Zug in die Kreisstadt.
Dort fuhren Autos, dort gab es Schaufenster, ein
Kino, in dem täglich – und nicht wie bei uns im
Dorf nur einmal in der Woche – Filme zu sehen
waren. Die Häuser dort hatten mehrere Etagen
und die Jugendlichen waren von ganz anderer
Natur als die, mit denen ich bis dahin durch Felder
und Wälder gezogen war. Es war ein
Quantensprung in meinem Leben und ich hatte
anfangs mehr damit zu tun, die neuen Eindrücke
zu verarbeiten als den neuen Lehrstoff, der ja auch
von da an in umfangreicherer Form auf mich
einstürmte. Dazu kam, dass die Mehrzahl meiner
neuen Mitschüler in der neuen Klasse weiblich war.
Eine kleine Gruppe von vier Jungen verlor sich in
einer Übermacht von mehr als zwanzig Mädchen.
Und was später in meinem Leben beim Erzählen

von Damals neidische Begeisterung hervorrief, hat mich zu der Zeit nur verwirrt und nach Möglichkeiten suchen lassen, in dem Strudel von ungekannten Ereignissen, unbekannten Orten und ausschließlich fremden Menschen, egal ob männlich oder weiblich, neuen Halt zu finden.

Damit wir uns schneller und besser kennenlernen und zusammenfinden konnten, hatte unser Klassenlehrer eine Fahrt nach Berlin ins Deutsche Theater organisiert. Also machte der Quantensprung noch einen Hüpfer mehr und ich fühlte mich den Umständen immer weniger gewachsen. Da halfen auch kein Anzug und kein weißes Hemd mit Schlips. Auch wenn sie möglicherweise dabei halfen, eine Schachtel Zigaretten käuflich zu erwerben. Auf etwas Besseres zur Stärkung meines Selbstwertgefühls war ich nicht gekommen.

Ich kann heute nicht mehr sagen, ob ich diese Zigaretten überhaupt geraucht habe. Möglich wäre es mir gewesen. Ein Zug führte zu dieser Zeit Raucherabteile mit sich. Mein Klassenleiter war selber ein starker Raucher und zeigte im Laufe der folgenden vier Jahre viel Verständnis und Toleranz gegenüber leiblichen Schwächen, weil er ihnen selber in großem Maße zugetan war. Und so, wie ich keine Erinnerung mehr daran habe, ob ich während dieses Klassenausflugs geraucht habe, habe ich natürlich auch keine Erinnerung daran, ob die erste von mir gekaufte Schachtel Zigaretten irgendwie hilfreich gewesen wäre bei der Findung meiner Position in der Gruppe. Weder bei den wenigen Jungen noch bei der zahlenmäßig so überlegenen Gruppe der Mädchen. Was ich sicher weiß, ist, dass diese Schachtel nicht der Ausgangspunkt meiner späteren Sucht zu rauchen wurde.

Es gehört mehr dazu, eine Sucht zu entwickeln. Ich war von einer Nikotinsucht noch viele Schachteln und viele Jahre entfernt. Es gehört auch ein soziales Umfeld dazu, um auf dem Weg zu einer Sucht voranzukommen. Und auch wenn ich nicht mehr weiß, ob die Schachtel Deutsche Juwel in Berlin eine Rolle gespielt hat, weiß ich noch sehr genau, dass diese Art von Selbst-darstellung in den folgenden Jahren nicht mehr wichtig war. Es herrschte tatsächlich eine Atmosphäre in der Gruppe von Jungen und Mädchen innerhalb der Klasse, der ich mich zugehörig fühlte, in der ich mich wohl, weil anerkannt fühlte, die eine Zigarette im Mundwinkel als profilgebendes Mittel überflüssig machte.

Je mehr Stoff man uns in der Schule bot, desto mehr sahen wir uns als Intellektuelle. Dabei waren wir mehr oder weniger nur intellektuelle Spinner. Etwas zu wissen war uns wichtig, um damit glänzen zu können. Mit einem Zitat, egal wie angebracht es war, konnte man mehr Dampf erzeugen und also Eindruck machen als mit den Qualmwolken einer ganzen Schachtel Zigaretten.

Und wenn man es so sah – wer wollte daran Anstoß nehmen? Ist es nicht besser, Sprechblasen von sich zu geben als Rauchwolken?

Aber das mit den Rauchwolken ist uns dann auch noch gelungen. Irgendwer brachte irgendwann sehr lange, dünnstielige Tabakspfeifen mit in die Runde. Das hatte er in irgendeinem Film gesehen und das sah so verdammt klug aus. Und der Rauch, der den Pfeifenkopf verließ, hatte nichts mit profanem Rauchen zu tun, sondern war ein Sinnbild für unsere rauchenden Köpfe und stand somit symbolisch für aktiven Geist und nicht für gequälte Lungen.

Mehr war nicht mit Nikotin in diesen Jahren. Ich war immer noch herrlich weit davon entfernt, ein Raucher zu sein. Ich will mich an dieser Stelle auch nicht mit der theoretischen Frage aufhalten, ab wann man als Raucher gilt. Ich war es zu diesem Zeitpunkt nicht. Daran änderte auch die Tatsache nichts, dass ich in den Ferien oder in der Zeit zwischen Abitur und dem Wehrdienst doch schon mal die eine oder andere Zigarette mehr rauchte. In diesen Zeiträumen arbeitete ich in der Produktion, um mein Taschengeld zu vermehren. Und da hätte mir ein kluges Zitat wenig weitergeholfen. Da galt es, körperliche Leistung zu bringen und danach beim Bier und einer Zigarette seinen Mann zu stehen. So glaubte ich damals jedenfalls mittun zu müssen. Und wenn ich behaupte, dass ich damals nicht süchtig war, dass ich zu jedem Moment auf der Stelle damit hätte aufhören können, ist das nicht die dahingeschwafelte Behauptung eines Süchtigen, der sein Problem verharmlosen, aber nicht eingestehen möchte, sondern eine Tatsache, wie ich mir dann selber beweisen konnte .

Wie jeder Jugendliche musste auch ich meinen 18-monatigen Wehrdienst ableisten. Das stand mir als Nächstes bevor und seltsamerweise war das ein

35

Moment, in dem ich – jedenfalls was das Rauchen betrifft - innehielt. Vielleicht war es die Befürchtung, dass ich auf dem Weg zum Raucher doch schon weiter vorangekommen war als ich mir selber eingestehen wollte. Ich glaubte mich jedenfalls an einem Zeitpunkt, der Entscheidungen notwendig machte und so entschied ich, das Wandeln zwischen den Welten der Raucher und der Nichtraucher zu beenden. Fortan fasste ich keine Zigarette mehr an und gab mich auch vor den neuen Menschen, die den neuen Lebens-abschnitt Nationale Volksarmee begleiteten, als Nichtraucher aus. Und diese Entscheidung gehört bis heute zu den guten Momenten in meinem Leben. Auch wenn sie später dann doch keinen Bestand mehr haben sollte.

Ich halte diesen Moment auch deshalb für bedeutsam, weil er als Beispiel dafür herhalten kann, dass es keine Zigarette braucht, um in einer Gruppe zu bestehen. Noch dazu in einer Gruppe von ausschließlich Männern, die sich alle in gespielter Härte überboten, die in Uniformen steckten und mit Waffen hantierten und die nicht wussten, wohin mit ihrem Testosteron. In diesem Gefüge zu sagen „Nein Danke, ich rauche nicht.", konnte einen schon nah an den Rand der Männlichkeit rücken, brachte aber fast in jedem Fall wenigstens eine abfällige Bemerkung. Anfangs jedenfalls. Später war es akzeptiert und als normal hingenommen und ich war in den Kreis auf-genommen, auch ohne beim Rauchen mitzutun.

Was wiederum so nicht ganz richtig dargestellt ist. Denn wenn man in einem relativ kleinen Raum lebt, der nur durch Doppelstockbetten hinreichend groß für zwölf Männer gemacht ist, und wenn von diesen zwölf Männern zehn rauchen, dann spielt es kaum noch eine Rolle, ob man selber auch eine Zigarette in der Hand hält oder nur die Skatkarten. Ich war kein Nichtraucher, ich war Sekundär- raucher. Ich inhalierte wahrscheinlich kaum weniger Schadstoffe als die eigentlichen Raucher, ich war einfach erst nach ihnen dran. Sie nahmen einen Zug von ihrer Zigarette, ich holte einfach nur Luft. Oder das, was sie daraus gemacht hatten. Später würde man das Passivrauchen nennen. Und wenn jemandem beim Lesen gerade die Frage in den Sinn gekommen sein sollte – ja, in diesem Raum haben wir dann auch geschlafen. Aber keine Sorge, es wurde vor dem Zapfenstreich noch gelüftet. Schließlich hatten wir beim den Tag abschließenden Stubendurchgang tatsächlich die Meldung zu machen: „Stube gereinigt und gelüftet!"

Ich könnte noch unendlich lange über mein Leben als Nichtraucher schreiben. Ich krame all diese Erinnerungen in mir hoch und mein Staunen über mich und das, was ich mal war, wird dabei größer und größer. (Zur Erinnerung: Ich bin heute im Alter von jetzt fast 69 Jahren durch mein Rauchen schwer an COPD erkrankt. So schwer, dass ein Fußmarsch zum nächsten Zigarettenautomaten für mich auf Grund der körperlichen Herausforderung fast nicht zu bewältigen ist.)

Ich bin ohne Zigaretten durch meine Armeezeit gekommen. Ich habe unendliche 8 Stunden in der Nacht Wache gestanden ohne dabei – wie mein Nebenmann – ständig für eine Zigarettenlänge unter eine Zeltplane verschwinden zu müssen, damit die Glut der Zigarette nicht weithin zu sehen ist. Ich habe meine Studienzeit in Potsdam ohne eine Zigarette hinter mich gebracht. Und ich habe beileibe nicht nur gelernt. Zeit und Gelegenheit zum Rauchen wäre durchaus gewesen. Wir führten ein ausgelassenes Studentenleben und unsere Studienbegleiterin hieß Maritza. Es war der billigste Rotwein in der DDR. Aber auch Maritza verführte uns nicht zum Rauchen. Ich erinnere mich an meine erste Arbeitsstelle als Lehrer. Als ich zum Vorstellungsgespräch im Büro des Schulleiters saß, bot der mir eine Zigarette an. Und das war kein Persönlichkeitstest, wie er heute vorstellbar wäre. Nein, das war ernst gemeint. Und ich glaube, mich an Stolz erinnern zu können, als ich dankend ablehnte. Aber vielleicht habe ich das mit dem Stolz auch erst nachträglich in meine Erinnerungen eingebaut. Ich war einfach nur ein – Nichtraucher.

Jetzt kommt der Teil meines Erzählens, den ich nicht vermitteln werden kann. Ich habe bisher nur wenig Zeitangaben gemacht, aber anhand der Lebensstationen lässt sich ausrechnen, dass ich jetzt Mitte Zwanzig bin.

Da fängt man doch kein Raucherleben mehr an?!

Da ist man doch schon alt genug um auch vernünftig genug zu sein! Da hat man doch schon alle gefährdenden Situationen hinter sich gelassen! Die Neugier, die Geltungssucht in der pubertären Gruppe, das zweifelhafte Männlichsein bei den Soldaten und die trunkene, fröhliche

Unbekümmertheit der Studentenzeit. Da weiß man doch schon viel zu viel über die möglichen Folgen des Rauchens und man sollte schon die Reife haben, dieses Wissen ernst zu nehmen und im eigenen Tun umzusetzen.

Gibt es irgendetwas, eine Schaltstelle in den verschlungenen Windungen der Gehirngänge oder ein versteckt angelegtes Gen, das einen Menschen in Sachen Sucht besonders konditioniert? Ich glaube davon gehört zu haben, finde es aber riskant, sich auf solche Gedanken einzulassen. Weil sie jedem Süchtigen eine Krücke an die Hand geben, mit der er sich sicherer auf dem Weg der Selbstbeschwichtigung bewegen kann. Weil sie die Sicht auf die Notwendigkeit und auch die Möglichkeit des Angehens gegen die Sucht vernebeln.

Ich schreibe gerade um den heißen Brei herum. Ich will eigentlich davon berichten, wie und warum ich dann doch zum exzessiven Raucher geworden bin. Und ich merke, dass alles, was ich schreiben möchte, nach Ausrede klingt. Weil es wahrscheinlich gar keine rationell belastbaren Gründe gibt, sich in eine Sucht zu begeben. Weil es allein um menschliche Schwäche geht, um Gedankenlosigkeit, um mangelndes Verantwortungsbewusstsein gegen sich selbst und auch anderen gegenüber. Und auch wenn Sucht inzwischen als Krankheit anerkannt ist – die Krankheit muss man sich erst einmal holen. Wenn ich frisch geduscht, nackt und ohne mich abgetrocknet zu haben hinaustrete auf den Balkon, um in winterlicher Kälte den Ausblick zu genießen, werde ich mich auch nicht über die möglicherweise folgende Lungenentzündung beschweren können. Und ich werde sie auch nicht auf widrige Umstände zurückführen können wie schlechtes Wetter oder Mangel an Bekleidung.

Es ist allein und nur die eigene Dummheit, die zur Krankheit geführt hat. Und so, und nur so wird man auch zum Raucher.

Wer würde jetzt noch das Haus verlassen? Die An-
zeichen, mit denen uns eine misshandelte Lunge warnt,
übersehen wir einfach. Bedrohliche Wolken lassen uns
eher reagieren. Aber sie werden sich wieder auflösen.
Das Bedrohliche in unserer Lunge kaum.

Momentaufnahme 1
Fahrstuhl

Unter der Überschrift „Momentaufnahme" werde ich kleinere Puzzleteile des Tagesganzen beschreiben. Sie sind nie so bedeutsam, dass sie Eingang fänden in feierabendliche Gespräche zum Thema „Na, wie war Dein Tag heute?". Aber sie sind sozusagen der Kitt, der die bedeutsameren Ereignisse zusammenhält. Sie bilden die Übergänge, sie sind die Konjunktion und das Komma zwischen den Tagesteilen. Auch wenn sie im normalen Alltagsleben kaum wahrgenommen werden.

Aber als Kranker erlebe ich den Moment oft anders. Es kann sein, dass ich ihn intensiver erlebe. Meist hat er andere Auswirkungen auf mich. Er kann auch bedrängender sein. Selbst eine Fahrt im Fahrstuhl.

Ich mag Fahrstühle. Sie ermöglichen mir unter anderem, in unserer Plattenbausiedlung höher als in der ersten Etage zu wohnen. Und bei 15-geschossigem Wohnbeton kann das von entscheidend besserer Wohnqualität sein. Von dieser Höhe aus kann man den Beton nicht nur weit überblicken, man kann ihn schon fast übersehen. Die umgebenden Seen und Wälder, der nahe Park mit dem Flatowturm, die vielfach roten Ziegeldächer Babelsbergs; der Blick kann weit schweifen und lässt einen den Beton darunter beinahe vergessen.

Aber ohne Fahrstuhl wäre diese Höhe nicht erreichbar und diese Einschränkung teilt auch der Gesunde mit mir.

Also lassen Sie uns Fahrstuhl fahren.

Die Fahrt nach unten bringt mich mit Menschen zusammen, die gleich mir aus den verschiedensten Gründen das Haus verlassen wollen. Der Grund bringt es gerade morgens oft mit sich, dass mit den Menschen Wolken von Parfüm, Rasierwasser oder Deosprays die Enge der Kabine füllen. Für mich ein Grund, gleich wieder aussteigen zu wollen. Weil sich diese Gerüche aggressiv in meine Atemwege drängen und mich zum Husten zwingen. Und das wiederum gefällt den Menschen nicht, die sich mit mir auf den 2 qm drängen.

Eine Fahrt nach oben bringt anderes Erleben.

Ich komme meist vom Parkplatz, was mich allein schon auffallend außer Atem geraten lassen kann. Wenn ich dann noch Eingekauftes bei mir trage, bin ich ernsthaft außer Atem geraten. Ich stehe also schwer atmend, mehr keuchend vor dem Fahrstuhl. Und dann hoffe ich, allein einsteigen zu können. Ich finde es nur schwer erträglich, in

diesem Zustand offensichtlicher Hilfebedürftigkeit
neben einem unbeteiligten und unwissenden

Mitbewohner zu stehen.

Ich bin allein in der Kabine. An ihrer Seitenwand ist
eine Haltestange angebracht, die mir sehr gelegen
kommt. Ich kann mich mit beiden Händen
aufstützen und so eine Haltung einnehmen, die mir
das krampfartige Atmen erleichtet. Wenn ich dann
aufblicke, stehe ich direkt vor mir, schaue ich mir
unmittelbar in die Augen. Ein großer Spiegel füllt
die Seitenwand hinter der Haltestange.

Ich mag meinen Anblick nicht in solchem Moment.

Wichtig nur, ich muss diesen Anblick mit niemandem teilen. Ich mag mich nicht erklären müssen.

Andererseits – Hilfebedürftigkeit sollte auf Hilfsbereitschaft treffen. Hilfsbereitschaft müsste mit Fragen beginnen. Ich höre viel zu selten Fragen.

Krankengeschichte

> *Krankheiten befallen uns nicht aus heiterem Himmel, sondern entwickeln sich aus täglichen Sünden wider die Natur. Wenn sich diese gehäuft haben, brechen sie unversehens hervor.*
>
> *Hippokrates*

Ich kann mich auch bei allem Nachdenken nicht mehr erinnern, wann ich das erste Mal die Diagnose COPD vernommen habe. Ich könnte bei meiner Hausärztin nachfragen, aber ich will es einfach so stehen lassen. Ich will es auch stehen lassen als Beleg dafür, wie wenig ernst ich diese Diagnose genommen habe. Die vier Buchstaben tropften einfach so in mein Leben und verloren sich darin wie Regentropfen in einem Fluss. Und mit dem Verschwinden der kleinen, sich schnell verlaufenden kreisförmigen Wellen spielten sie auch erst einmal keine Rolle mehr in meinem Leben.

Ich glaube mich an einen freundlichen Frühsommertag erinnern zu können. Damit die Abläufe und Ereignisse an eine Zeitleiste angelegt werden können, nenne ich einen Zeitraum um das Jahr 2009 herum. Ich sehe uns nach meiner Rückkehr vom Arzt bei einem Glas Wein auf der Terrasse sitzen, über uns weiße Wolken vor

blauem Hintergrund, dazu die grünen, sich
voreinander verneigenden Wipfel der Kiefern. Wir
wohnten damals wie im Paradies, im Übergang
von einem kleinen Dorf zu märkischem Wald, weit
genug entfernt von Potsdams städtischer Hektik
und doch nahe genug, um die Vorzüge städtischen
Lebens schnell erreichen zu können. Es ging uns
gut und eine Krankheit passte gar nicht in dieses
Bild. Schon gar nicht eine, von der man vorher
noch nie gehört hatte. Ich glaube, mein
„Arztbericht" hat uns nicht lange beschäftigt, mit
oberflächlicher Belustigung habe ich die vier
Buchstaben – wahrscheinlich nicht einmal in der
richtigen Reihenfolge – genannt und dann zu einer
Zigarette gegriffen.

COPD? Eine kranke Lunge? Doch nicht hier. Und nicht bei mir.

Schon war ein erster, entscheidender Fehler
gemacht, eine wichtige Weiche falsch gestellt.

Nein, eigentlich habe ich gar keine Weiche gestellt. Ich hätte es tun müssen. Aber ich bin einfach weiter auf gleichem Gleis in gleiche Richtung unterwegs gewesen.

Das Perfide an der Krankheit COPD ist, dass sie sich nicht sofort als Krankheit darstellt.

Dazu sind die ersten Symptome scheinbar auch zu harmlos. Sie lassen sich eher an einer schwächelnden Lebensphase als an einer lebensbedrohlichen Krankheit festmachen. Dass ich mir morgens in der Früh den Weg in den Tag erst freihusten musste, hat mich zu spät beunruhigt. Dass sich der Husten einer eigentlich harmlosen Erkältung viel zu lange hielt, hat mich viel zu lange nicht beunruhigt. Dass Treppenstufen immer beschwerlicher zu gehen waren, brachte mich nicht zum Nachdenken, sondern brachte mich nur auf den Gedanken, nach einem Fahrstuhl zu suchen.

Ja, die Momente, in denen mir das Atmen schwer wurde, häuften sich. Aber ich redete mich damit heraus, dass ich ja nun nicht mehr vierzig wäre, dass ich zu wenig Sport triebe, dass ich nur eine Zigarette weniger rauchen und vielleicht schon ein Glas Wein eher ins Bett gehen müsste.

Wobei die beiden letzten Punkte schon mal ein gar nicht so schlechter Ansatz gewesen wären.

Ich habe nichts an meinem Leben geändert. Was der Bauer nicht kennt, das frisst er nicht? Es hat

mich nicht interessiert, es kennenzulernen. Jetzt muss ich die Suppe auslöffeln, jetzt muss ich fressen und habe mächtig daran zu knabbern.

Ich vermag heute nicht mehr einzuschätzen, ob die Krankheit COPD damals tatsächlich nicht schon auf irgendeine Weise in der Öffentlichkeit präsent war oder ob mir diese vier Buchstaben noch nicht begegnet waren, weil ich bis dahin noch nicht zur Gruppe der Betroffenen gehörte und damit noch keine Berührungspunkte mit ihnen hatte. Ich behaupte aber, dass selbst heute noch viel zu wenig Wissen über diese Krankheit im Umlauf ist. Ich meine damit, dass das Thema in keinster Weise ausreichend in der Öffentlichkeit kommuniziert wird, dass das inzwischen vorliegende Wissen nicht mobilisiert wird, um warnend und aufklärend auf die Menschen zuzugehen. Der Betroffene (und als Betroffener an der Krankheit Interessierte) hat mit den vier Buchstaben eigentlich den Code in der Hand, mit der er in Zeiten überall verfügbaren Internets die Tür zu einer Welt von Informationen aufstoßen kann. Wer nur diese vier Buchstaben hört, noch keine Krankengeschichte dazu hat und sich demzufolge noch nicht mit ausgeprägten Symptomen plagt und die Abkürzung auch mangels Kenntnis nicht mit einer bedrohlichen

Krankheit verbindet, dessen Desinteresse wird sich allein schon am Englischen festmachen. Er kennt diese Worte nicht, außer pulmo..... (weil er sich vielleicht schon mal mit Pulmotinsalbe eingerieben hat) sagen sie ihm auch nichts. Er kann sie nicht aussprechen und merken kann er sie sich schon gar nicht.

Vielleicht sollte ich an dieser Stelle einmal den vollständigen Namen, der sich hinter den vier Buchstaben verbirgt, nennen:

Chronic **O**bstructive **P**ulmonary **D**esease

Chronisch- obstruktive Bronchitis ist die deutsche Entsprechung, die aber auch ausschließlich auf Fremdwörter zurückgreift. Reduziert man es auf *chronische Bronchitis*, sind wir beim geläufigsten Begriff. Der aber nicht mit COPD gleichzusetzen ist. Weil das die Krankheit ausmachende *obstuktiv fehlt*, was in der medizinischen Fachsprache einengend heißt und bezogen auf die Krankheit COPD auf die verengten Luftwege verweist. Man muss schon sehr weit ausholend erklären, wenn man gefragt wird, was man da eigentlich für eine Krankheit hat. Und sagt man einfach nur, man hätte chronisch verengte Luftwege, gibt das nicht im Ansatz das Ernste und die Gefährlichkeit dieser Krankheit wieder.

Es gibt das früher mehr verwendete deutsche Wort „Raucherhusten". Damit kann man was anfangen.

Den hatte Opa schon. Und dessen Vater auch. Mann, haben die gehustet! Raucherhusten ist zwar lästig, aber daran stirbt man nicht. So glaubte man jedenfallls.

An dieser Stelle muss angeknüpft werden. Raucherhusten, ja. Aber er ist nicht die ungemütliche Folge eines Raucherlebens, sondern der Anfang einer Krankheit. Die heute einen anderen, den gerade erläuterten Namen hat, weil Wissenschaftler und Ärzte mehr über die Hintergründe und Zusammenhänge wissen. Es ist das Wissen über eine Krankheit. Es ist eine lebensbedrohende Krankheit, die zum Tode führen kann. Der dieser sperrige und damit wenig hilf- reiche Name, noch dazu in Form einer Abkürzung gegeben wurde.

Ich hatte einen Bettnachbarn im Krankenhaus, der auf meine Frage nach dem Grund seines Krankenhausaufenthalts angab, er hätte „Koppt". (Versuchen Sie, es zu verstehen. Ich habe auch einen Moment dafür gebraucht.)

Welcher Arzt hat mit ihm gesprochen?

Oder hatte der Mann seine Informationen allein aus dem Arztbrief?

Dann sollte man mit dem Arzt sprechen. Ich will ausdrücklich herausstellen, dass ich den damals mit mir befassten Ärzten keinerlei Schuld an meiner selbstorganisierten Unwissenheit und

vor allem Untätigkeit gebe. Sie haben sicher ihren Teil dazu getan, mich den Ernst der Lage erkennen zu lassen. Jeder Arzt sollte auch auf die Eigenverantwortung des mitdenkenden und mithandelnden Patienten bauen können. Zwar war das Internet zu damaliger Zeit an einem Wald nahe einem Dorf außerhalb Potsdams nicht die schnellste Informationsquelle (Eine Seite baute sich laut Torsten Sträter in einem Tempo auf, als sei sie von einer Oma gehäkelt worden.), aber, Interesse meinerseits vorausgesetzt, hätte ich mir die nötigen Informationen auch auf anderen Wegen zusammentragen können.

Ich habe nicht einmal bei der diagnosestellenden Ärztin nachgefragt.

Ich habe Medikamente, die von diesem Moment an mein täglicher Begleiter sein sollten, gar nicht genommen oder nur sehr unregelmäßig, was nicht viel besser ist als gar nicht. Ich habe schon an anderen Stellen davon geschrieben, dass COPD eine Krankheit ist, die nicht geheilt werden kann. Sie ist bestenfalls aufzuhalten, ihre Talfahrt kann bestenfalls verlangsamt werden. Der wichtigste Schritt dazu wäre ein sofortiger Rauchstopp gewesen. Ich habe mehr als 10 Jahre lang weitergeraucht, am Ende sogar noch deutlich mehr als im ersten dieser zehn Jahre. Jeder Versuch, mit dem Rauchen aufzuhören oder es wenigstens zu reduzieren, ist von mir nicht mit dem nötigen

Willen angegangen worden und somit zwangsläufig gescheitert. Auch das Erleben, dass die Krankheit sich doch immer bemerkbarer in meinem Leben festsetzte, hat mir nicht zu nötiger Vernunft verholfen.

Falsch. Ich gehöre, wie jeder andere Mensch um mich herum auch, zu den vernunftbegabten Wesen. Jedenfalls haben wir Menschen uns selber so in die Vielfalt der Lebewesen eingruppiert. Vernunft ist mir also gegeben, sie produziert Einsichten, nach denen ich hätte handeln können. Aber in diesem Fall produzierte sie nicht die dafür nötige Kraft. Dazu hätte sie einen Verbündeten gebraucht und in mir hat sie den leider nicht gefunden. So habe ich mehr als 10 Jahre zugesehen, wie das Feuer sich in den Wald fraß. Vielleicht habe ich mal ein Eimerchen Wasser ausgekippt, indem ich eine Woche lang annähernd regelmäßig meine Medikamente nahm. Aber meist habe ich trockenstes Holz in das Feuer geworfen, indem ich immer weiter und immer mehr rauchte. Hat jemand schon mal einen ausgebrannten Wald gesehen? Ich lebe jetzt in einem.

Die Symptome verstärkten sich derart, dass schon von einer deutlich spürbaren Beeinträchtigung normaler Lebensqualität gesprochen werden musste.

Atemnot wurde zum Tagesbegleiter, Wege wurden kürzer, die Zeit zur Bewältigung der Wege länger. Aber vieles war noch kompensierbar. Ich konnte noch ausweichen und leichter zu gehende Wege finden. Ich arbeitete seinerzeit an einer Berufsschule für Jugendliche mit Handicaps verschiedenster Art. Ich war immer ein lebhafter Lehrer, der mit großen, ausladenden Gesten vor der Tafel oder zwischen den Bankreihen agierte. Auch eine gewisse Lautstärke war damit verbunden, die für ein Wohnzimmer wahrscheinlich zu groß, in einem Klassenraum mit Lehrlingen aber angebracht war. In den letzten Monaten meines Arbeitslebens brachte mich das gelegentlich schon an den Rand einer auch für Außenstehende bemerkbaren Atemnot. Ich habe nie ein Wort darüber verlauten lassen, habe nie von der sich in mir entwickelnden Krankheit gesprochen. Ich habe am Ende dann doch im Unterricht mehr gesessen und wenn ich in den Pausen die Schulgebäude wechseln musste, habe ich mich den auf Grund eines körperlichen Handicaps langsameren Lehrlingen angeschlossen.

Den Rollstuhlfahrern unter ihnen waren die wenigen Fahrstühle der Gebäude vorbehalten. Ich erklärte mich als dieser Gruppe zugehörig. Mit der Begründung, dass ich mich ja dramatisch dem Rentenalter näherte. Damit habe ich kokettiert, und es hat geholfen. Es wurde von allen akzeptiert und belächelt. Im Treppenhaus wurde ich dann gar nicht mehr gesehen. Überhaupt brachte mich die

Krankheit hauptsächlich zum Nachdenken wie ich den Teilen des Tagesgeschehens, die zunehmend (zu) anstrengend für mich wurden, aus dem Weg gehen konnte. Ich habe mir ein bequemes Rutschkissen unter den Hintern geschoben und auf der Spiralbahn Platz genommen.

Jeder kennt das beliebte Kinderspielzeug. Eine Murmel oder irgendeine andere Kugel wird auf einem spiralförmigen Konstrukt platziert und das Kind erfreut sich am schwunghaften Nach-unten-Sausen. Aber es geht eben zwangsläufig und nur nach unten. Und was bei genanntem Kinderspielzeug Spiel und damit verbundener Spaß bedeuten, wird bei dieser Krankheit zunehmend ernst und bedrohlich, je weiter man sich dem Ende der Spirale nähert. Eine Murmel kann wieder auf-genommen und wieder oben platziert werden. Bei dieser Krankheit ist das nicht oder nur selten und dann unendlich schwer möglich.

Dass ich mich dem ernsthafteren Teil des Krankheitsverlaufs genähert hatte, war dann auch aus der Tatsache abzuleiten, dass inzwischen Fachärzte mit mir befasst waren. Aber auch bei einem ersten Krankenhausaufenthalt zur Untersuchung meines Krankheitszustands war ich noch auf dem Hof des Klinikums anzutreffen.

Raten Sie, was ich mich dort hintrieb.

Ich habe schon von Persönlichkeitsdefiziten bei Rauchern geschrieben. Inzwischen muss ich mich abgrenzen. Ich kann bei diesem Stand meines eigenen Suchtverhaltens nicht mehr übergreifend verallgemeinern. Möglicherweise täte ich inzwischen vielen Rauchern unrecht, wenn ich sie mir gleichsetzte. Ich kann sie nicht mehr länger alle in die gleiche Jacke stecken, in die ich mich schon selbst viel zu lange gezwängt hatte. Es können nicht alle so dumm handeln, wie ich es tat. Und es ist hoffentlich vielen gelungen, diesen verhängnisvollen Weg eher zu verlassen als ich.

Ich bin den Weg unaufhörlich weitergegangen. Mit meinem Wegbegleiter COPD. Der ist einem wie ein Rucksack, und bei diesem Bild möchte ich gern noch etwas bleiben.

Ein Rucksack ist ein irgendwann vom Bergwandern in den Alltag übergegangenes Accessoire. Er ist ein praktischer Alltagsbegleiter, der hilfreich sein kann, weil ich Dinge in ihm mit mir führen kann und trotzdem noch die Hände frei habe. Für einen Wanderstock oder das Handy oder eine Zigarette (Ich konnte gerade nicht Halt machen. Auch nicht in dem Bewusstsein, dass jedes weitere der Beispiele lauteren Aufschrei provozieren wird). Aber den eben gepriesenen Rucksack kann ich absetzen, wenn er mir zu schwer wird. Ich kann auch darauf achten, dass ich ihn mir nicht zu schwer fülle.

Den Rucksack COPD werde ich nie wieder los. Ich kann ihn nicht einfach absetzen und neben mich auf eine Bank stellen, auf der ich mich gerade von den Strapazen des Wegs erhole. Er ist mir an den Rücken genagelt, er drückt mich und er duckt mich. Er hindert mich an schnellem Vorwärtskommen, macht bald selbst langsameres Vorwärtskommen schwer und wird irgendwann jedes Vorwärtskommen zur Qual werden lassen. Und jede Zigarette, die ich mit diesem Rucksack auf dem Rücken rauche, wird sich mit einem Gewicht in diesen Rucksack stapeln, das um ein unendlich Vielfaches schwerer wiegt als das Gewicht von Zigarette und Asche und Rauch zusammen. Die Zigarette wird sich in diese Bestandteile auflösen, die Asche wird sich am Boden und der Rauch wieder in der Luft verlieren. Aber das Schädliche bleibt, addiert und potenziert sich und wird am Ende den Rucksack zu einer überschweren Bürde machen.

Umziehen, die Wohnung wechseln kann eine grässliche Angelegenheit sein. Vor allem, wenn man einen Wohnort verlässt, mit dem der neue Wohnort wenig mithalten kann. Aber manchmal entwickelt das Leben Gründe, die unseren Wünschen nicht entsprechen. Wir zogen in den Folgejahren gleich zweimal um, wohnen jetzt in

Beton, haben aber aus dem 15. Stockwerk wenigstens noch den Blick auf Wald, Park und Wasser. Wir hatten Gründe, diese Wohnung zu wählen und wir haben heute Vorteile, die uns die Terrasse unter den Kiefern am Rand des kleinen Dorfes unweit von Potsdam fast vergessen lassen. Sie lag eben zu weit von Ärzten, Apotheken und Einkaufsmöglichkeiten entfernt. Und es zeichnete sich immer mehr ab, dass diese Kriterien mit zunehmendem Alter, vor allem aber vor dem Hintergrund meiner sich entwickelnden Krankheit, entscheidend werden bei der Wahl eines Wohnorts.

Aber ein Umzug ist in jedem Fall eine grässliche Angelegenheit. Selbst wenn man sich verbessern könnte, was Wohnort und Wohnqualität betrifft. Ausräumen, einpacken, auseinanderbauen, tragen, verladen, renovieren … ich höre an dieser Stelle besser auf.

Eigentlich wollte ich noch weitere Tätigkeiten aufzählen bis zu einer, bei der ich hätte sagen können: „Da habe ich auch mitgemacht!". Es wäre so etwas gewesen wie Kartons beschriften oder Tassen in Zeitungspapier einwickeln. Ich war körperlich nicht mehr in der Lage, gleich den anderen, Hand anzulegen. Gott sei Dank hatten wir immer viele uneigennützig fleißige Helfer. Und ich habe eine Frau, die erst ins neu aufgestellte Bett geht, wenn der letzte Nagel in die Wand geschlagen und das letzte Bild daran aufgehängt ist. Dann stehen die von mir in Zeitungspapier eingewickelten Tassen aber schon im Schrank. Ohne Zeitungspapier. Und ich habe sie nicht ausgewickelt.

Was ich erzählen will, ist, dass mir immer weniger körperliche Belastung möglich ist. Mir fehlt die Luft zum Atmen, mir fehlt die Kraft, alltägliche Dinge zu verrichten. Alles geschieht deutlich langsamer, vieles gelingt mir gar nicht mehr. Damit verteilen sich die Dinge ungerechter und zu viel verlagert sich allein auf die Schultern meiner Frau. Die Folgen meiner Kurzatmigkeit lassen auch sie gelegentlich ganz schön außer Atem geraten.

Ich bin mit meiner Krankengeschichte in der Gegenwart angekommen. Was die Gegenwart ausmacht, ist in vielen anderen Kapiteln dieses Buches beschrieben. Manchmal verschwende ich einen Gedanken lang meine Zeit mit dem Wunsch, in Wells Zeitmaschine zu einem Punkt in meinem Leben zurückkehren zu können, wo ich Weichen entscheidend anders hätte stellen können. Wahrscheinlich wäre es schon mit nur einer Weiche gelungen, mein Leben in eine andere, bessere Richtung zu lenken. Aber ich weiß, es ist ein verschwendeter Gedanke. Ich kann nicht zurück, um andere Wege zu betreten, weil die gegangenen in Sackgassen geführt haben. Es ist auch wenig sinnvoll, Wünsche an die Zukunft zu

formulieren oder ihr mit Furcht entgegen-
zuschauen. Ich lebe in der Gegenwart, nur über sie
führt der Weg in die Zukunft. Und nur indem ich
Gegenwart gestalte, habe ich Einfluss auf die
Zukunft.

Ich sollte mich mehr um die Gegenwart kümmern.

Ich habe dieses Kapitel Krankengeschichte
genannt. Das Kapitel ist beendet. Meine
Krankengeschichte nicht.

Aber ich lebe.

Lügen, Ausreden, Selbstbetrug

Viele, vor allem ältere Menschen, kennen den Schriftsteller Mark Twain.

In seinen Geschichten geht es – sicher nur nebenbei, dann aber doch zu ganz wichtigen Momenten - auch um das Rauchen. Denn wenn die Protagonisten seiner Erzählungen rauchen, geht es ihnen nicht vordergründig um den Nikotingenuss. Nein, sie verbinden einen anderen Zweck mit dem Rauchen, einen, der es auf eine höhere, bessere Ebene hebt und dieser Zweck heiligt das Mittel Rauchen: Sie stopfen ihren Tabak in Friedens- pfeifen und beenden mit gemeinsamem Rauchen ihre Zwistigkeiten.

Aber selbst der Raucher, der noch nichts von Mark Twain gelesen hat, wird ihn möglicherweise schon einmal – und das in verschiedensten Variationen – zitiert haben. Von ihm stammt nämlich der berühmte Ausspruch „Mit dem Rauchen aufzu- hören ist kinderleicht. Ich habe es schon hundert- mal geschafft."

Ja, auch ich habe den Spruch nachgeplappert. Heute mag ich ihn nicht mehr. Weil er ein Problem verwitzelt, dessen erfolgreiche Bewältigung vielen das Leben hätte retten können, oder wenigstens ein angenehmeres Lebensende hätte bescheren können.

Ich kenne Menschen, die gern rauchen. Die auch sagen, dass sie damit gar nicht aufhören wollen. Es sind nur sehr wenige, ich glaube, ich kann sie an den Fingern einer Hand abzählen. Ich kenne Menschen, die mit maximal 5 Zigaretten am Tag auskommen. Die es als Genuss empfinden, nach dem Essen eine Zigarette zu rauchen oder eine zu einer Tasse Kaffee am Nachmittag. Die kann ich an den Fingern der anderen Hand abzählen. Zu dieser Gruppe hätte ich auch gern gehört. Aber was für ein Unsinn – wenn ich die Energie hätte aufbringen können, meinen Zigarettenkonsum von 40 Stück am Tag auf 5 zu reduzieren, dann hätte ich den letzten Schritt auch noch gehen können. Und inzwischen gibt es wohl auch Studien, die entgegengesetzt zu bisher vertretenen Meinungen besagen, dass selbst der regelmäßige Genuss einer solchen relativ kleinen Menge Nikotin dauerhaften Schaden anrichten kann.

Und dann gibt es die Raucher, die sich auf ihren Großvater berufen. Der hat nämlich sein ganzes Leben lang gequalmt wie ein Schornstein und ist trotzdem mit 95 kerngesund in die Grube gefahren. Und das auch nur, weil beim Herbststurm ein Dachziegel seinen Kopf traf. Und wer diesen Großvater nicht hat, hat immer noch Helmut Schmidt. Dieser Mann hat das Rauchen zelebriert bis ins hohe Alter. Und weil er neben oder zwischen ständigen Rauchwolken auch viel Kluges von sich gab, hat man ihm das mit dem Rauchen nachgesehen. Es ist ja für Raucher auch sehr dienlich, ihn als Beispiel dafür anführen zu können, dass man trotz exzessivem Rauchen beeindruckend alt werden kann ohne dabei - zumindest geistig – auch alt auszusehen.

Raucher brauchen solche Beispiele. Sie missbrauchen sie, um damit ihre eigene Unfähigkeit zu übertünchen oder zu beschönigen, selber nicht mit dem Rauchen aufhören zu können. Oder zu wollen.

Ich behaupte, die Mehrzahl misslungener Versuche, mit dem Rauchen aufzuhören, ist mit Lügen, Täuschung und Selbsttäuschung verbunden. Jetzt spreche ich allein von mir und meinen eigenen Erfahrungen, also von dem, was ich selber gelebt habe. Und wenn ich im Nachhinein etwas bereue oder bedaure, dann ist es nicht der Versuch an sich, der am Ende gescheitert ist, sondern die Tatsache, wie ich diese Versuche gestaltet habe. Ich habe meine Familie belogen, ich habe Freunde und Menschen in meinem Umfeld belogen. Ich habe sie in dem Glauben gehalten, ich führte gerade einen heroischen und dabei erfolgreichen Kampf gegen das Rauchen. Ich hätte also mit dem Rauchen aufgehört. Vielleicht hat das mal einen Monat lang gestimmt. Wenn man die drei Zigaretten nicht mitzählt, die ich hastig und klammheimlich aus einer liegengelassenen, unbeaufsichtigten Schachtel gezerrt habe, um sie dann irgendwann, irgendwo versteckt zu rauchen. Drei Zigaretten in einem Monat, das ist doch so gut wie nichts, die habe ich doch sonst schon vor dem Frühstück geraucht. Dieser Teil des Denkens ist dann die Selbsttäuschung, der Selbstbetrug. Ich habe mir auch vorgemacht, wenn ich mir eine Schachtel kaufe und dann jeden Tag nur zwei Zigaretten rauche, kann ich mich immer noch zu den Nichtrauchern zählen. Und außerdem bin ich doch jederzeit in der Lage, das mit der Schachtel wieder zu lassen. Spätestens nach der nächsten. Ich fuhr zu der Zeit einen PKW, in dessen Fußraum im Boden eine Klappe war, unter der sich ein kleiner Stauraum befand. Dort versteckte ich diese Schachtel und ich denke, ich brauche nicht darüber zu schreiben, dass es nicht bei der einen Schachtel blieb und dass die Abstände zwischen den Käufen kürzer wurden.

Wir hatten zu der Zeit einen Garten, neben uns nette Gartennachbarn. Die nahmen Anteil an meinem Kampf gegen das Nikotin und freuten sich gemeinsam mit mir und meiner Familie über meinen angeblichen Erfolg. Sie waren selber Nichtraucher und was ich nicht bedachte war der Umstand, dass Nichtraucher eine doch empfindlichere Nase für Zigarettenqualm haben.

Da half es also nicht, dass ich mich im Gebüsch hinter dem Geräteschuppen versteckte und sogar auf die Windrichtung achtete, sie ertappten mich beim heimlichen Rauchen. Also die nächste Lüge: Einmaliger Rückfall, zufällig noch eine Schachtel gefunden, hat nichts zu bedeuten usw. Und am Ende die Bitte, doch nichts meiner Frau zu erzählen. Sie waren dann tatsächlich so nett, meine Lüge mitzutragen.

Wenn wir am Ende nicht sehr erfolgreich waren in unserem Garten lag das aber nicht daran, dass zu viel Nikotinrauch über die Beete gezogen wäre.

Das Schlimme an meinem Versteckspielen war auch, dass dieses Lügen gar nicht nötig gewesen wäre. Niemand hätte mir den Kopf abgerissen, wenn ich die Niederlage eingestanden hätte. Aber zeigt mir den, der gern eine Niederlage eingesteht. Zumal eine, die ich mir aus gesundheitlichen Gründen gar nicht leisten konnte. Nach dem erfolgten Einbau von zwei Stents in meinen Herzkranzgefäßen und der schon länger ausgesprochenen Diagnose COPD war eigentlich jede weitere Zigarette ein Zeugnis von selbstzerstörerischer Dummheit.

Ich denke, die überwiegende Mehrzahl der Raucher würde gern mit dem Rauchen aufhören. Wenn es einfach wäre. Wenn es keinen Kampf bedeuten würde. Wenn es diese eine Pille gäbe.

Die dürfte dann auch 500 € kosten. Man wäre bereit, dieses Geld sofort auf den Tisch zu legen, wenn man danach auf zauberhafte Weise sofort und schmerzlos und ohne wochenlange Kämpfe von der Sucht befreit wäre.

Wie viele ernsthafte, halbherzige, aussichtslose und dann doch wieder ernst gemeinte Versuche habe ich mit meiner Frau gestartet, von der Zigarette wegzukommen.

Die Methode Reduzierung, Variante 1

Wir nehmen uns vor, weniger zu rauchen. Deutlich weniger. Das muss kontrollierbar sein und damit besser steuerbar. Also am Tag nicht mehr als 10 Zigaretten. Dann reicht eine Schachtel zwei Tage und das Ganze geht auch nicht mehr so sehr ins Geld. Aber was ist, wenn der Vormittag sehr stressig war und am frühen Nachmittag von den 10 Zigaretten nur noch zwei da sind? Gut, dann wird eine Anleihe beim nächsten Tag gemacht, an dem dann aber schon von vornherein zu wenig Zigaretten da sind. Ich weiß nicht, wie viele Tage lang das geklappt hat, aber ich denke, ich kann wieder die Finger einer Hand bemühen.

Die Methode Reduzierung, Variante 2

Das Modell, das ich mir dann ausgedacht hatte, war von vornherein zum Scheitern verurteilt, weil – zu kompliziert. Es ging um die Idee, stufenweise in

Zeitintervallen zu reduzieren. Von Woche zu Woche jeweils eine Zigarette am Tag weniger rauchen. Wenn also in der Startwoche 30 Zigaretten am Tag geraucht werden, dürfen es in der Folgewoche nur noch 29 Zigaretten sein, in der darauf folgenden nur noch 28 und so weiter. Das hätte mich bei einem durchschnittlichen Konsum von niedrig geschätzten 30 Zigaretten pro Tag der Startwoche innerhalb von 30 Wochen zum Nichtraucher gemacht. Aber wer will da den Überblick behalten? Und ganz ehrlich – ging es bei diesen Planspielen um den wahrhaftigen Wunsch, mit dem Rauchen aufzuhören oder nur um die Vertuschung der Tatsache, dass ich das im Inneren gar nicht wirklich wollte und dieses Nicht-Wollen mit Aktionismus zu überspielen versuchte?

Jedenfalls gab es später noch die Methode Reduzierung Variante drei, vier und folgende. Ich denke, Raucher könnten ein Buch füllen mit ihren Ideen, sich von der Sucht Rauchen befreien zu wollen.

Auch der Weg über das sogenannte Dampfen ist von mir beschritten worden. Heute glaube ich, dass allein schon die Bezeichnung Dampfen von der Unsicherheit der Anhänger zeugt, ob es tatsächlich um die gesundere Art geht, etwas zu inhalieren, was wir als Wolke wieder von uns geben. Sicher, es ist Dampf und manche Dampfer gefallen sich darin, sich in gewaltige Dampfwolken zu hüllen. Es hat für mich etwas Demonstratives, als wollte man sich gegen einen Angriff wehren, der noch gar nicht erfolgt ist. Es gibt noch keine Langzeituntersuchungen und damit noch keine gesicherten Erkenntnisse über mögliche gesundheitliche Folgen. Also gibt es auch noch keine abschließenden Bewertungen. Aber Zweifel dürfen, sollten erlaubt sein. Und die werden sich nicht so schnell und leicht verflüchtigen wie der angeblich harmlose Dampf, der auch erst einmal die Atemwege und die Lunge passieren muss.

Ich kann mich an viele weitere Gespräche erinnern, die das Thema Aufhören mit dem Rauchen zum Inhalt hatten. Wir waren uns immer einig, dass das nötig sei. Wir konnten immer viele Gründe aufzählen, die einen solchen Schritt unabdingbar machten.
Nur nicht gerade jetzt.
Wenn wir im Sommer nach Griechenland fliegen, abends auf der noch sonnenwarmen Terrasse sitzen, mit einem Glas Wein in der Hand, den Blick auf das üppige Grün der Palmen um den Pool – wie soll das ohne eine Zigarette gehen, die diese Orgie der Sinne erst abrundet?
Entzugserscheinungen im Urlaub? Dafür gebe ich nicht so viel Geld aus.

Letztendlich habe ich es - nach ich weiß nicht wie vielen Versuchen - geschafft. Man erkennt es vielleicht an der Tatsache, dass in diesem Kapitel viel die Zeitform der Vergangenheit verwendet wird.

Aber ich bin nicht sonderlich stolz darauf. Weil es keine großartige Leistung eisernen Willens ist, sondern weil es mir von meinem Körper aufgezwungen wurde. Und weil mein Körper mich immer wieder daran erinnert, dass er mir die durch mich zugefügte Schändung nicht verzeiht. Ich werde nicht dafür belohnt, dass ich nicht mehr rauche. Es geht mir nicht spürbar besser. Aber wer jetzt sagt, na dann kann ich mir doch die Mühen des Aufhörens ersparen, dem sage ich: Ohne dieses Aufhören wäre ich jetzt möglicherweise tot.

Und so gesehen geht's mir doch spürbar besser, oder?

Grenzüberschreitungen

Was Grenzen setzt, heißt Materie.

Gotthold Ephraim Lessing (1729 – 1781)

Sucht kennt keine Grenzen. Sie definiert Grenzen nur immer wieder neu.

Dieser kluge Satz ist nicht aus www.aphorismen.de, er ist aus meinem Kopf. Schlimm nur, dass ich das erfahren musste bzw. diese Erfahrung zugelassen habe. Denn mit dem Überschreiten einer Grenze fallen auch Türen zu. Und jede Tür lässt sich nur schwerer wieder öffnen als die davor und das macht ein Umkehren immer unmöglicher. Bis man die eine Grenze überschritten hat, hinter deren Tür sich ein Land auftut, das man nie betreten wollte.

Aber in diesem Land muss man sich dann einrichten.

Der dümmste und unerklärlichste Moment im Leben eines Rauchers ist die erste Zigarette, wenn sie nicht die letzte bleibt. Aber schon mit der ersten Zigarette begehen wir die erste Grenzüberschreitung. Unser Körper signalisiert es uns. Wir husten, wir finden den Geruch und den

Geschmack widerwärtig, es wird uns schwindelig. Wenn ich mich mit meinen Lehrlingen über das Thema Rauchen unterhalten habe, habe ich oft gefragt, wem die erste Zigarette in seinem Leben geschmeckt hätte. Ich habe nie eine begeisterte Rückmeldung bekommen. Ich glaube, kein Raucher wird behaupten, dass die erste Zigarette ein Genuss gewesen wäre. Auch nicht in dem Wissen, dass das unweigerlich die Folgefrage nach sich zieht, warum er dann die nächste auch noch geraucht hat. Und warum er auch nach der dritten und nach der vierten Zigarette nicht aufgehört hat. Weil die ganz sicher auch noch nicht geschmeckt haben können. Wobei das Verb „schmecken" im Zusammenhang mit Rauchen schon ein Wider-spruch in sich sein sollte.

Und wenn es auf die erste Frage schon keine bejahende Antwort gibt, die Folgefragen nicht beantwortet werden können, dann braucht man die nächste Frage eigentlich gar nicht zu stellen:

Warum tut man sich an, wogegen sich alle Sinne des Körpers auflehnen?

Welche Herausforderung glauben wir annehmen zu müssen? Welche Herausforderung ist es wert, dass wir alle natürlichen Abwehrbollwerke unseres Körpers ignorieren, umgehen oder ausschalten?

Auch ich habe keine Antwort auf diese Fragen. Ich versuche nur, die Fragen zu formulieren, um das

Absurde des Vorgangs deutlich zu machen. Eine Absurdität, die auch ich gelebt habe. Ab der wievielten Zigarette bin ich süchtig? Oder sind Schachteln die zu wählenden Maßeinheiten? Definiert sich Sucht über die Zahl der am Tag gerauchten Zigaretten oder macht sie sich an der Art des Verlangens fest? Irgendeine dumme Ecke unseres Gehirns findet ja toll, dass da Nikotin andockt und will mehr davon. Und wenn es mehr bekommen hat, wird das irgendwann auch nicht mehr reichen. Und wieder wird es mehr wollen, weil mehr immer wieder nicht mehr reicht.

Aber wir haben doch nicht nur diese dumme Ecke im Gehirn. Wir können doch weiterhin beobachten und Beobachtetes denkend verarbeiten. Trotzdem fällt eine Grenze nach der anderen und wir passieren die Türen. Und es könnte wie bei der Sicherheitskontrolle am Flugplatz grellrot aufleuchten und laut tönen, wir ignorieren alles sehend und wissend.

Ich kann mich noch an den Moment erinnern, als ich bemerkte, dass eine Schachtel Zigaretten am Tag nicht mehr ausreicht. Es war nur ein kurzer Moment des Innehaltens und nur ein schwacher Versuch folgte, es wenigstens auf diesem Level halten zu wollen. Aber vorher waren schon zu viele andere Grenzen gefallen und weitere Grenz-überschreitungen sollten folgen. Es brauchte schon mehr Zigaretten, um alle neuen Räume mit

Zigarettenqualm füllen zu können.

In den ersten Jahren meines Raucherdaseins habe ich nicht vor dem Frühstück rauchen können. Erst brauchte es dieses Frühstück, einen Kaffee, und erst danach, und es musste nicht unbedingt gleich im Anschluss daran sein, dachte ich an die erste Zigarette des Tages.

Später klappte das besser. Der Zeitpunkt, da ich mir die erste Zigarette anzündete, rückte immer weiter nach vorn und war nicht mehr abhängig davon, ob schon Frühstück oder Kaffee als Tagesordnungspunkte abgehakt waren. Die Zigarette selbst tauchte immer öfter als Tages- ordnungspunkt auf.

Ich habe anfangs nicht im Freien geraucht. Jedenfalls nicht auf dem Weg von A nach B. Aber wenn auf diesem Weg ein Straßencafe lag, dessen Tische in wärmender Sonne standen, habe ich, wenn meine Zeit es zuließ, gern auf eine Zigarette Halt gemacht. Oder auch auf zwei. Später nutzte ich auch das Angebot, mit der bereitgelegten Decke winterlicher Kälte zu trotzen und zum Kaffee meine Zigarette zu rauchen. Der Kaffee war schneller kalt als dass sich die Glut der Zigarette dem Filter genähert hätte. Und so saß ich bei 5 Grad Minus im Freien, hielt einen kalten Kaffee in der einen und eine Zigarette in der anderen Hand und hielt mich für einen harten Kerl. Und ich möchte nicht wissen, was vorbeieilende, von der Kälte getriebene Passanten von mir dachten. Auch bei jeglicher Arbeit, sei es mit einem Kugelschreiber oder einem Schraubendreher, rauchte ich nicht. Entweder Schraubendreher oder Zigarette, war mein Denken. Meine Fähigkeit zu Multitasking sollte sich dann aber noch entwickeln. Und das noch vor der Zeit, da dieser Begriff gebräuchlich wurde. Eine Zigarette im Mundwinkel zu halten und beide Hände zur Verrichtung jeglicher Tätigkeiten zur Verfügung zu haben, ist eine Kunst, die ich hoch entwickelt habe. Bis hin zu der Fähigkeit, mit einer Zigarette im Mundwinkel reden zu können. Ich entschuldige mich an dieser Stelle im Nachhinein bei allen Gesprächspartnern, denen ich so gegenüber gestanden habe. Grenzüberschreitung ist nicht allein eine Sache von immer mehr rauchen, es bezieht sich auch auf Grenzen des Benehmens, die rücksichtslos und gedankenlos überschritten werden.

Reden wir über Geld. Zu DDR-Zeiten war eine Schachtel Club nicht nur schwer zu bekommen, sie war auch für die damaligen Einkommens-verhältnisse nicht billig. Nach der Wende hat man jede Zigarettensorte immer und überall bekommen, aber billig waren sie auch nicht zu haben. Sie waren es, wenn man die heutigen Preise zum Vergleich heranzieht. Aber dann entdeckten Finanzminister die Kuh im Raucher und sie begannen zu melken. Und irgendwann kam ein

Kriegsminister auf den Gedanken, dass Langzeit-selbstmörder doch einen finanziellen Beitrag leisten könnten, Selbstmordattentätern das Handwerk zu legen (Ich habe gerade versucht, über eine aus der Tätigkeitsbeschreibung entwickelten Bezeichnung der Personengruppen eine Beziehung zwischen beiden herzustellen. Einfach nur, um die Logik des Denkens im Kriegsministerium nachvollziehen zu können. Es gelingt mir nicht.)

Jedenfalls wurden und werden Zigaretten unaufhaltsam teurer. Inzwischen bemüht man aber keine skurrilen Begründungen mehr dafür.

Ich erinnere mich daran, wie sich Anfang der 90er Jahre der Preis für eine Schachtel Zigaretten der 5-(!) DM-Grenze näherte. Das sollte dann für mich DIE GRENZE sein. Wenn eine Schachtel mehr als 5 DM kostet, höre ich auf, war mein empörter Plan.

Was für ein herr-liches Beispiel für fortwäh-rende, unkon-trollierte Grenzüberschreitung, was für ein entlarvendes Beispiel für Sucht: Sich über 5 DM zu empören, 5 DM als Obergrenze festzulegen und dann immer noch dabei zu sein, wenn 20 Jahre später eine Schachtel mit sogar weniger Zigaretten darin 6 € kostet.

Es gab auch tatsächliche, nicht nur im übertragenen Wortsinn zu verstehende, Grenzüberschreitungen. In unseren östlichen Nachbarländern waren und sind bis heute Zigaretten billiger zu haben. Anfangs waren sie es in einem Maße, dass schon eine Stange Zigaretten die aufgekommenen Benzinkosten wieder wettmachen konnte. Wenn ich dann auch noch die Grenze der Legalität überschritt und statt der einen erlaubten gleich vier Stangen über die Grenze verbrachte, war die Bilanz im überzeugend positiven Bereich. Jedenfalls die finanzielle Bilanz. Was ich mir gesundheitlich angetan habe, weiß ich bis heute nicht richtig einzuschätzen. Der Preis war für mich entscheidend. Und da griff ich auch zu Zigarettensorten, von denen ich bis dahin noch nie gehört hatte. Und wenn ich hier verrate, dass eine Stange dieser heute nicht mehr mit einem Namen zu verbindenden Zigaretten gerade 10 DM gekostet hat, kann man sich möglicherweise eine Vorstellung von der Qualität dieser Tabakwaren machen. Ich möchte im Nachhinein nicht einmal mit Sicherheit behaupten, dass Tabakpflanzen Ausgangspunkt dafür waren. Wenn ja, waren sie von einer Art, dass die Gräser masurischer Wiesen wahrscheinlich gesunder waren. Und um wieder einmal den Nachweis zu erbringen, dass ein Raucher doch mit gewissen Defiziten ausgestattet sein muss, zitiere ich mich selber: „Hauptsache, es qualmt."

Später glaubte ich mit mehr Vernunft zu handeln, wenn ich auf bekannte Zigarettenmarken zurückgriff. Dass Philip Morris seinen Namen hergab, war für mich Beweis genug, dass die Zigarette qualitativ besser sein müsste als das, was ich davor geraucht hatte. Aber ich glaube mich auch erinnern zu können, dass ich nach einer Stange der billigeren Markenzigarette von einem Markt jenseits der Oder mehr gehustet habe als wenn ich sie in Potsdam bei REWE für mehr Geld gekauft hätte. Vielleicht lag es auch einfach nur daran, dass bei der billigeren Stange die Preisbremse im Kopf fehlte. Ich habe mehr geraucht, weil mehr Zigaretten da waren. Wenn eine Schachtel alle war, brauchte ich nicht erst in die Kaufhalle, ich musste nur an die Schublade im Wohnzimmer.

Ich weiß noch, dass ich zusätzlich zu den Stangen Zigaretten immer noch eine einzelne Schachtel kaufte. Ich wollte mit kompletten Stangen zu Hause ankommen, und trotzdem unterwegs im Auto nicht auf eine Zigarette verzichten müssen. Autofahren und Rauchen waren im Laufe der Jahre für mich zu einer Einheit geworden, Gas geben war die korrespondierende Tätigkeit zum Rauchen oder umgekehrt.

In den Anfängen meines Raucherdaseins rauchte ich nicht im Auto. Zu klein war mir der Raum, der sich trotz leicht geöffnetem Fenster schon mit dem Rauch nur einer Zigarette unerträglich füllte. Zu groß schien mir die Gefahr der Ablenkung vom eigentlichen, wichtigeren Geschehen, dem Lenken eines Fahrzeugs im Straßenverkehr. Der Versuch, sich eine Zigarette anzünden zu wollen und diese dann zu rauchen, war für mich nicht vereinbar mit parallelem Hantieren an den Hebeln, Pedalen und Knöpfen des Autos. Zu unsicher erlebte ich allein schon das Rauchen, den Versuch, beim Abaschen ohne hinzuschauen den Aschenbecher zu treffen. Oder sich die Frage stellen zu müssen, ob der Versuch, die Kippe durch den schmalen Schlitz des nur wenig geöffneten Fensters nach draußen zu entsorgen auch gelungen war, oder sich Reste der Glut auf dem Rücksitz wiederfanden.

Aber Übung macht bekanntlich den Meister, und Sucht schafft immer wieder aufs Neue und immer wieder mehr Gelegenheit zum Üben. Und mit den Jahren wurde aus mir ein immer sichererer Autofahrer, der sich mit seinem Auto erst richtig eins fühlte, wenn er beim Fahren nicht nur alle Hebel, Pedale und Knöpfe, sondern auch den Aschenbecher benutzte.

Auch die Erfahrung, dass sich ein Auto mit stinkenden Polstern und Brandlöchern in Sitz und Boden nur schwerer und für weniger Geld wieder

verkaufen lässt, hat mich im nächsten Auto nicht auf das Rauchen verzichten lassen. Jedenfalls hat ein entsprechender Vorsatz nicht länger als eine Woche oder 50 Kilometer gehalten. Ich habe mir eine Zigarette angezündet und dann erst den Zündschlüssel betätigt. Selbst bei einer Fahrt zur 500 Meter entfernten Kaufhalle.

Zwei Versuche zu meiner Ehrenrettung seien mir gestattet. Ich habe nie im Auto geraucht, wenn Kinder oder Nichtraucher mit an Bord waren. Das kann nicht großartig positiv für mich zu Buche schlagen, weil auch mein „gelüftetes" Auto immer noch eine Zumutung für einen Nichtraucher und schon gar für ein Kind war.

Entschuldige Paula, entschuldige Alexander.

Aber am Ende habe ich es tatsächlich geschafft, noch vor dem generellen Rauchstopp im März 2018 wenigstens das Rauchen im Auto zu lassen. Mein letztes Auto ist ein ehrlich sauberes Nichtraucherauto. Dafür haben die Fahrten dann länger gedauert. Wegen der vermehrten (Rauch)pausen, in denen ich mein Auto mit einer Zigarette in der Hand umkreiste und mich darüber freute, wie sauber es doch im Inneren des Wagens aussah. Und roch.

Ich wollte das Kapitel gerade beenden, aber mir fällt auf, dass ich immer noch im wenig vorbildlichen Teil meines Erzählens bin. Es ist nicht mein angestrebtes Ziel, positiv aus den Geschichten herauszukommen. Das kann mir auch unmöglich gelingen bei all den Schwächen, die ich in meinem Leben zugelassen habe. Und es ist mir tatsächlich nicht wichtig, ob ein Leser ein Urteil über mich fällt und wie dieses Urteil aussieht.

Wichtig allein ist, dass der Leser im Geschriebenen Anknüpfungspunkte für eigenes Denken findet. Und dass sich dieses eigene Denken in eigenem Handeln niederschlägt. Und wenn sich dieses eigene Handeln von meinem Handeln unterscheidet, macht mein Schreiben einen Sinn.

Es gibt keine andere vernünftige Erziehung, als Vorbild sein. Wenn's nicht anders geht, ein abschreckendes.

Albert Einstein 1879 - 1955

Momentaufnahme 2

Toilette

Öffentliche Toiletten sind Orte, an denen einem Geräusche möglich sind bzw. nachgesehen werden, die zum Beispiel in einer Schlange an der Kasse eines Supermarktes undenkbar sind.

Aber was, wenn keuchendes, beinahe stöhnendes Atmen aus der Nachbarkabine dringt?

Lassen Sie mich von vorn beginnen.

COPD bzw. die dadurch bedingte Einnahme diverser Medikamente haben oft übermäßigen Harndrang zur Folge. Dazu muss ich nicht einmal die wasserabführende Tablette genommen haben. Ich beobachte auch ein sich gegenseitig hochschaukelndes Wechselspiel von Luftnot und Harndrang. Das hat für mich Konsequenzen. Wenn ich das Haus verlasse, muss ich meine Wege planen: Wie lange wird es dauern, wo muss ich hin, wo auf dem Weg sind öffentliche Toiletten?

Ein Beispiel: Potsdam hat ein großes Einkaufszentrum mit nur einer (!) Toilette darin. Und die ist nicht einmal im Zentrum dieses Zentrums. Es können also weite Wege zu gehen sein und ich muss sie rechtzeitig angehen. Weil sich der Harndrang oft proportional im Quadrat zur Luftnot bei mir entwickelt und ich die Toilette dann nur in höchster Not und Bedrängnis erreiche.

Dann sitze ich schwer atmend, mehr keuchend in dieser Kabine, froh, sie noch rechtzeitig erreicht zu haben. Aber plötzlich geht eine andere Kabinentür und ich habe einen Zuhörer neben mir.

Was wird er denken?

Aber genau deswegen schreibe ich ja. Damit andere Bescheid wissen über die Krankheit und ihre Begleiterscheinungen.

Damit niemand denkt: „Dem fällt's aber schwer da nebenan."

Doppelmoral

Über kurz(Strecken) oder lang(Strecken) kann Rauchen auch tödlich enden. #GANZGENAU.
Der Hinweis „Rauchen ist tödlich" scheint gar nicht zum Plakat zu gehören.

Wie pervers ist es, ein Produkt zu bewerben und gleichzeitig darauf hinzuweisen, dass es tödlich ist? Die Tabakindustrie bewirbt ihr Produkt Zigarette auf großen Plakaten, um es in den Fokus von Verbrauchern zu rücken. Und das ganz sicher nicht mit der Absicht, auf diesen Plakaten die Botschaft vom Risiko des Rauchens zu verkünden und damit der gesundheitlichen Aufklärung zu dienen. Wenn dem so wäre, könnte man die Perversität auf die

Spitze treiben, indem sich die Tabakindustrie diesen Teil der Werbung durch das Ministerium für Gesundheit bezuschussen lässt.

Nein. Es geht darum, dem Verbraucher eine Marke nahezubringen und ihn zum Kauf dieser Marke zu bewegen. Es geht darum, Marktanteile zu erweitern. Es geht darum, mehr Zigaretten der eigenen Marke zu verkaufen mit dem letztendlichen und einzigen Ziel, mehr Profit zu machen. Auch wenn man dabei und dadurch über Leichen geht.

Aber kein Raucher kann behaupten, er sei nicht gewarnt gewesen. Beim Kauf einer Schachtel Marlboro zum Beispiel erwirbt man drei Dinge: Die Zigarette an sich, dann die Botschaft, dass man gerade das Symbol der Zugehörigkeit zu einer ganz besonders männlichen Gruppe von Männern und deren Freiheitsgefühl in den Händen hält und die Information, dass diese Gruppe aber sehr stark von Impotenz bedroht ist. Oder von Unfruchtbarkeit. Oder der Gefahr, sich mit einem Raucherbein nicht mehr so lässig in den Sattel schwingen zu können. Das kann man auf der Schachtel lesen und der Text ist dazu noch hübsch illustriert.

Was soll das?

Nicht, dass ich die angebliche Absicht dahinter nicht erkennen würde.

Aber ich bezweifele, dass eine erkennbare Wirkung damit erzielt wird. Ich bezweifele, dass durch diese Schockbilder irgendwer vom Kauf einer Schachtel Zigaretten abgehalten wird. Und wenn vermeldet wird, dass deshalb die Zahl der Raucher zurückgeht, besonders die Zahl der jugendlichen Einsteiger, dann glaube ich nicht daran. Dann glaube ich eher daran, dass das ein Resultat der immer wieder und inzwischen ins räuberische gestiegenen Preise für Zigaretten ist.

Ich war Zeuge, als Jugendliche in einem Tabakladen darüber witzelten, ob sie die Lunge oder doch lieber die verfaulten Zähne nehmen. Dann haben sie ihr Geld zusammengelegt. Sechs Euro für eine Schachtel sind wahrscheinlich eine höhere Hürde auf dem Weg zur Nikotinsucht als die Darstellung eines Lungenkarzinoms. Und die Gefahr, impotent zu werden, wird für einen 18-jährigen, kraft- und saftstrotzenden jungen Mann in viel zu weiter Ferne und damit jenseits seiner Vorstellungskraft liegen.

Ich war als Raucher nie beeindruckt von den Sprüchen und Bildern. Ich war nur verärgert.

„Rauchen ist tödlich", kann man auf einigen Schachteln lesen.

Ich halte die Rigorosität dieser Aussage für kontraproduktiv. Rauchen ist nicht tödlich. Rauchen KANN zu Krankheiten führen, die ein tödliches Ende nehmen. Aber an solchen Aussagen macht sich der trotzige Widerspruch mancher Raucher fest: „Die spinnen doch! Ich rauche schon seit 50 Jahren und lebe immer noch! Mein Vater hat sein ganzes Leben lang geraucht, dem geht's immer noch blendend."

Was mich an der Kampagne mit diesen Sprüchen und Bildern besonders ärgert, ist die Tatsache, dass damit nicht das Rauchen stigmatisiert wird, sondern die Menschen, die es tun. Die Raucher.

Wie kann man so doof sein zu rauchen?!

Jeder kann doch jetzt sehen, wohin das führt. Und dann stehe ich in der Schlange an der Kasse im Supermarkt und habe gerade den Knopf gedrückt, auf dass mir der Zigarettenautomat eine Schachtel auf das Transportband spuckt. Und dieser Knopfdruck wird allen Kunden in der Schlange durch einen Piepton kundgetan und gefühlt sind jetzt ganz viele Blicke in meinem Nacken.

Und dann muss ich auch noch husten….

Damit ich nicht missverstanden werde: Ich begrüße jeden Versuch und jede Initiative, über das Rauchen aufzuklären und Menschen, vor allem Jugendliche, dazu zu bringen, den Griff zur Zigarette zu lassen. Ich bin aber auch überzeugt davon, dass immer wieder nach neuen Wegen gesucht werden muss und die Bereitschaft da sein muss, Unsinniges wieder abzustellen. Auch wenn dazu einigen Lobbyisten auf die Füße getreten wird. Bis hin zum Finanzminister.

Es gibt ein unfassbar bürokratisches Regelwerk zum Thema Zigarettenwerbung. Wer Lust hat sich zu quälen, kann im Internet nachblättern. Ist es nicht einfacher, Zigarettenwerbung ausnahmslos zu verbieten? Wahrscheinlich ist es nicht einfacher. Aber es würde Sinn machen. Und wenn keiner der großen Zigarettenkonzerne werben darf, hat auch keiner einen Wettbewerbsvor- oder Wettbewerbsnachteil. Für Mordwerkzeug darf auch nicht geworben werden. Gut. Das gibt es auch weniger zu kaufen. Zumindest nicht für den privaten Gebrauch. Aber dieses Selbstmordwerkzeug begegnet uns tagtäglich und überall. Ist das nicht ein Punkt, an dem man ansetzen muss?

In einer Tankstelle stehe ich vor einer riesigen Wand von Tabakerzeugnissen. Der Jugendliche, der seinen Energydrink holt, auch. Gut, da gibt es die Grenze Altersbeschränkung. Aber erst einmal ist das Produkt überpräsent, weckt Begehrlichkeit und fördert die Fantasie des Jugendlichen, nach Wegen zu suchen, diese Grenze zu umgehen.

Auch ich muss vor diese Wand, um die Tankfüllung meines Autos zu bezahlen. Oder ich stehe in der besagten Schlange an der Kasse des Supermarktes. Da kann es mir passieren, dass ich vielleicht 10 Minuten neben dem Automaten zubringe, wo ein Knopfdruck Erlösung bringen könnte. Erlösung schreibe ich deshalb, weil ich gerade einen weiteren Versuch unternehme, mit dem Rauchen aufzuhören. Und das ist so verdammt schwer. Und da sollte ich besser gar nicht tanken fahren oder in einem Supermarkt einkaufen. Denn dann habe ich die Schachtel Zigaretten vor Augen, und dann will ich sie haben, auch wenn auf ihr das Bild eines Mannes zu sehen ist, dem offenbar kurz zuvor von einem Fleischer das Bein abgenommen wurde.

Nehmt alle Tabakprodukte aus dem Blickfeld der Öffentlichkeit!

Pornographische Filme werden doch auch nur versteckt in einer nicht einsehbaren Ecke von Videotheken ausgestellt. Kein Mensch sollte am Ende eines Tages – egal wo oder womit er beschäftigt war – eine Schachtel mit Zigaretten gesehen haben. Wenn er nicht selber eine bei sich trägt, die er zuvor in einem schmucklosen, schwer zu findenden Laden in einer weit entfernten Nebenstraße gekauft hat.

Macht alle Schachteln grau. Spart das Geld für papier-, farb- und druckaufwendige Verpackungen. Designer, Werbetexter und Mediengestalter werden frei für wichtigere und schönere Arbeit. Ein Fotograf muss nicht mehr einen Mann ins Bild setzen, der in einer Hand eine qualmende Zigarette hält und mit der anderen Hand ein

Kleinkind an sich drückt. Wer kommt auf solche Ideen? Das ist es, was ich an anderer Stelle schon beklagte: Nicht das Rauchen selbst wird angeprangert, sondern der Raucher.

Ich habe nach dem Start dieser in meinen Augen zweifelhaften Aufklärungskampagne eine Glosse geschrieben. Sie passt gut in dieses Kapitel.

Ja, so sind die Raucher oder
Mein Tankwart hat aufgehört

Ja, so sind die Raucher.
Halten liebevoll ein Kind im Arm und können dabei gleichzeitig eine Frühstückszigarette genießen. Gut, das Kind schaut gerade nicht sehr glücklich. Vielleicht liegt es daran, dass es hinter den Rauchschwaden nicht den liebevollen Blick des Vaters wahrnehmen kann.
Aber beachten Sie die linke Hand des Kindes:

Will es den Vater warnen? Oder ist es schon zu spät und das Kind will dieses gar zu offene Zeichen der Folgen von Papas leichtsinnigem

88

Tun schamhaft verbergen?

Dabei hat Papa noch Glück gehabt. Er konnte noch ein Kind zeugen während einer Zigarettenpause. Andere krümmen sich allein und verzweifelt auf zerwühlten Laken.

Die frustrierte Frau ist wahrscheinlich gerade rauchen gegangen und gestaltet gedankenverloren geschmackvolle Bilder mit der Asche ihrer Zigaretten.

Sie hat es besser. Bei ihr setzt die zerstörende Wirkung erst später ein. Der lustvolle Beginn ist ihr noch gegeben. Er versagt schon am Anfang.

Ja, Rauchen macht krank. Aber es macht auch

erfinderisch. Natürlich kann Papas Liebling noch nicht allein eine Zigarette halten. Es fehlt noch an Feinmotorik. Aber Papa weiß sich beziehungsweise dem Kind zu helfen. Geschickt auch der Schachzug, das Kind an das

Rauchen heranzuführen, bevor es all die lästigen Hinweise auf den Schachteln lesen kann. Wenn es gelingt, das Einstiegsalter radikal zu senken, bietet das neue Möglichkeiten. Schockbilder zum Ausmalen zum Beispiel.

Papa ist seinerzeit ganz anders groß geworden. Nur verharmlosend bunte Schachteln ohne lebensrettende Informationen. Blind musste er das Risiko eingehen, durch sein Laster zu erblinden. Die Strafe der frühen Geburt?

Das Ende kann so aussehen:
Der fragende Blick der Gattin: Soll sie jetzt schon eine Kontaktanzeige aufgeben oder noch warten? Das liebevoll im Rosa-Munde-Pilcher-Stil ins Bild drapierte Kind. Sein hoffnungsloser Blick ins Leere. Er möchte so gern für seine Lieben weiterleben.

Aber die Lunge! Ausgerechnet ihn musste es treffen. Und natürlich hat er den Krebs, der vom Rauchen verursacht ist. Gut, die Wahrscheinlichkeit ist bei neun von zehn Fällen ziemlich hoch. Aber hätte er nicht auch an dieser anderen, der zehnten Variante eines Karzinoms erkranken können? Und wer sagt uns, dass es nicht so ist? Vielleicht muss er gar nicht wegen diesem doofen Rauchen sterben?

Ach so, mein Tankwart. Der an der Kasse.

Ja, der hat aufgehört.

Nicht mit dem Rauchen.

Er hat seinen Job gekündigt. Er wollte nicht länger vor dieser Horrorwand aus Raucherlungen, verfaulten Zähnen, belgischen Verstorbenen und offenen Beinen stehen.

Was sagt uns das?

Es wirkt.

Auf die Krankheit, fertig, los!

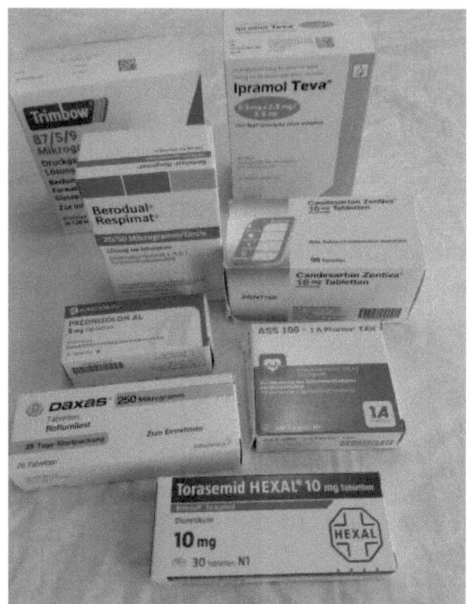

Wem Krankheit in jüngeren Jahren noch kein Wegbegleiter ist, den schreckt bei entsprechend fehlender Erfahrung eher die Vorstellung vom Alt-werden.

Krankheit muss einen nicht treffen. Um das Altwerden kommt niemand herum. Aber meist ist das eine mit dem anderen verbunden. Und

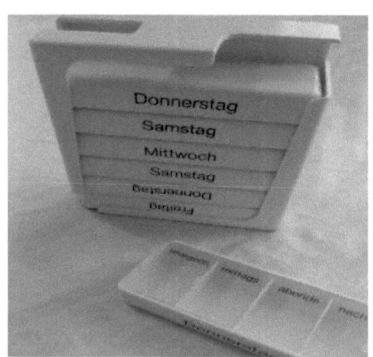

irgendwann merkt man – zunächst als (be)lächelnder Beobachter, mit den Jahren dann immer mehr als aktiver Mittuer – dass zunehmend über Krankheiten

gesprochen wird. Und irgendwann fällt auf, dass die zunehmende Zahl der Medikamente und die Verschiedenartigkeit der einzunehmenden Mittel einen schon die Übersicht
verlieren lassen können. Und dann braucht es eine **Tablettenbox.**

Medikamente.
Vor dem Essen, während des Essens, nach dem Essen. Gut zerkaut mit viel Flüssigkeit oder im Ganzen geschluckt. Oder gelutscht.

Morgens. Mittags. Abends. Nachts.

Die Tagesteile werden von diesen vier Kästchen geklammert. Und wenn das letzte Kästchen geleert ist, ist wieder ein Tag vorbei. Und welcher Tag das war, steht auf der länglichen Schachtel, die die vier Kästchen zusammen bilden. Davon gibt es sieben und am Ende weiß man dann auch, wann wieder eine Woche vorbei ist.

Das kann Bedeutung erlangen. Denn wer alters- oder krankheitsbedingt nicht mehr täglich zur Arbeit muss und somit nicht mehr so sehr darauf angewiesen ist, seinen Kopf im Zeitstrom über Wasser zu halten, um nicht zeitliche Orien- tierungspunkte zu verlieren, dem kann so eine Tablettenbox Struktur zum Festhalten geben. Auch ich, seit einem Jahr Rentner, ertappe mich gelegentlich dabei, überlegen zu müssen, welcher

Tag der Woche gerade ist.

Auch ich habe inzwischen eine Tablettenbox. Ich kann sie noch allein befüllen, ahne aber auch schon, dass irgendwann fehlende Konzentration und zunehmendes Zittern der Hände bei

abbauender Feinmotorik Hilfe notwendig machen werden. „Tabletten stellen" wird das dann heißen, soviel weiß ich schon. Ich werde mich dem stellen müssen.

Noch schaffe ich es allein. Auch ist die Vielzahl der Medikamente noch überschaubar. Aber jede Tablette ist eine zu viel in meinen Augen. Nicht, dass ich die medizinische Notwendigkeit in Frage stellen will. Nur erinnert mich jede Tablette an die Tatsache, dass ich krank bin. Und was noch schwerwiegender ist – jedes Medikament hat neben der gewünschten auch eine unerwünschte, weil mehr oder weniger schädliche Nebenwirkung.

„Lesen Sie die Packungsbeilage oder fragen Sie Ihren Arzt oder Apotheker."

Ich bestaune immer das feine Papier, auf dem die Packungsbeilagen gedruckt sind. Ich bewundere die Kunst, mit der es gefaltet ist. Mir ist es noch nie gelungen, es nach dem Lesen wieder in die Form zurückzufalten, auf dass das Papier wieder in die Schachtel passen würde. Ich ärgere mich über die kleine Schrift, die es sicher vielen, vor allem älteren Menschen unnötig schwer macht, die Informationen überhaupt aufzunehmen zu können. Und ich ärgere mich generell über diese Packungsbeilagen, weil sie mir irgendwie verlogen erscheinen. Ich glaube nicht daran, dass ein Pharmakonzern allein und nur mein Wohlergehen im Sinn hat, wenn er darauf hinweist, dass seine Tablette, die mein Blut verdünnen soll, in einem von hundert Fällen auch zu Hautausschlägen führen kann. Ich glaube eher daran, dass er sich absichern will. Ich soll daran gehindert werden, den Pharmakonzern wegen des Hautausschlags zu behelligen. Wenn ich dann der eine von den Hundert bin.

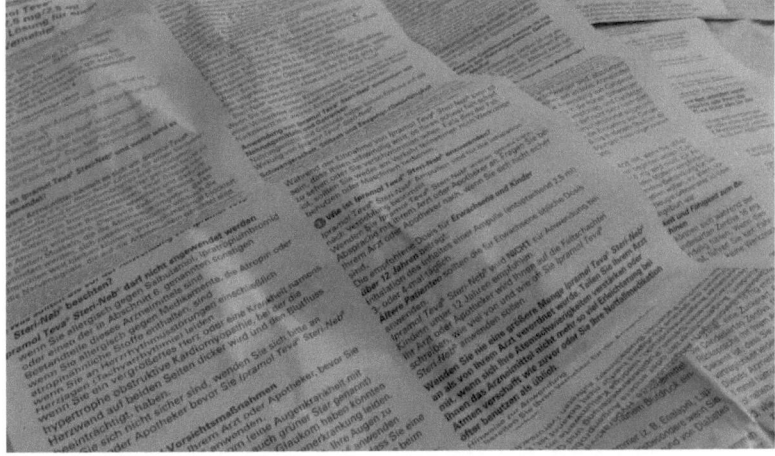

Ich will meinem Arzt vertrauen können. Wenn er mir ein Medikament verschreibt, weiß er auch von den möglichen Nebenwirkungen. Dann liegt es bei ihm, Notwendigkeit und mögliches Risiko gegeneinander abzuwägen. Und dann muss der Arzt mich darüber informieren und nicht ein Beipackzettel, dessen überfordernder Umfang von der Zwangslage diktiert ist, jede Eventualität an Risiko darstellen zu müssen. Der somit oft nur verwirrend, mitunter sogar bedrohlich wirken kann.

Gut. Werfen wir einen Blick in meine **Tablettenbox**.

Der Tag beginnt mit einer **ASS**. Rauchen schädigt nicht allein die Atemwege, auch das Herz kann betroffen werden. Und so habe ich als erstes meine Herzkranzgefäße mit meinem Rauchen ruiniert, so dass der Einbau von zwei Stents notwendig wurde, um die beiden gefährlichsten Engstellen zu weiten. Und ASS soll mein Blut verdünnen, auf dass es leichter die Engstellen passieren kann.

Nicht dass mich dieser erste Schuss vor den Bug dazu gebracht hätte, das Rauchen aufzugeben. Für mehr als nur halbherzige und wenig ernst gemeinte Versuche hat es nie gereicht. Ich habe mich lieber hinter dummen Sprüchen versteckt: „Wenn Ihr seht, dass ich nicht mehr rauche, dann müsst Ihr Euch Sorgen um mich machen. Denn dann bin ich möglicherweise tot." Ich beklage an anderer Stelle, dass die Kampagne mit den widerlichen Fotos auf den Zigarettenschachteln weniger das Rauchen als vielmehr den Raucher stigmatisiert. Hier an dieser Stelle will ich einräumen, dass auch eine Portion Dummheit als Persönlichkeitsmerkmal nötig ist, um sich der Sucht des Rauchens zu ergeben.

ASS ist auch aus einem anderen Grund wichtig geworden. COPD beeinträchtigt nicht nur das Atmen, es beeinträchtigt auch die Herztätigkeit. Und auch jetzt werde ich kein medizinisch fundiertes Wissen dazu einbringen und ich werde

auch nicht Dr. Google bemühen. Nur so viel: Es gibt Zusammenhänge zwischen angestrengterem und trotzdem wenig effektivem Atmen und einer Verschlechterung der Herztätigkeit.

Krank macht krank.

Das bringt das nächste Medikament ins Spiel. Zum Morgen gehört auch eine **Torasemid**. Das schlecht arbeitende Herz führt bei mir zu Wasseransammlungen in den Füßen. Es können auch höhere „Pegelstände" auftreten. Dann sammelt sich das Wasser bis über die Knöchel. **Torasemid** löst diese Wasseransammlungen auf. Nur dass ich es nicht ausschwitze, ich muss es zur Toilette bringen. Und da bin ich mindestens am Vormittag sehr viel unterwegs ….

Weiter in meiner Tablettenbox.

Der Morgen wird abgerundet mit einer **Candesartan Zentiva**-Tablette. Ihre Aufgabe ist es, meinen zu hohen Blutdruck zu senken. Der ist

Resultat des Altwerdens, Begleiterscheinung der Krankheit COPD, Auswirkung der Wirkung, Gegenwirkung der Nebenwirkung und Wechselwirkung mit anderen Medikamenten? Ich weiß es nicht genau und ich will dem nicht mehr Aufmerksamkeit schenken. Es scheint mir das kleinere meiner gesundheitlichen Probleme zu sein.

Und jetzt das Hauptgeschoss in meinem

Waffenarsenal: **Prednisolon**.

Seit einiger Zeit hat mir meine Ärztin **Prednisolon** als Dauermedikament verordnet. Bisher wurde es nur als zeitlich begrenztes Mittel für eine Stoßtherapie im Falle einer Exazerbation eingesetzt. Jetzt nehme ich täglich 5 mg davon, später wird sich die Dosois weiter erhöhen. Predniloson ist das Allheilmittel der Pharma-industrie und damit auch vieler Ärzte zur Bekämpfung vieler Arten entzündlicher Prozesse im menschlichen Körper. Und es ist auch das Haupt-geschütz bei der Bekämpfung der Auswirkungen von COPD. Aber gerade mit diesem Medikament verbinden sich viele Vorbehalte. Und ich will mich auch jetzt nicht zu sehr auf das für mich zu unsichere Terrain medizinischer Kenntnisse bewegen, aber ich glaube zu wissen, dass Prednisolon gleichbedeutend mit Kortison ist. Als ich kürzlich in meiner Apotheke ein Rezept vorlegte, um Prednilosontabletten zu erhalten, sprach die Apothekerin von Kortisontabletten. Auf meine Nachfrage, ob die Bezeichnung Predniloson etwas von der Bedrohlichkeit des Wortes Kortison nehmen soll, lächelte sie nur vielsagend. Ich glaube, Kortison ist die belastetere Bezeichnung. Man spricht ja auch von Kortisonhaut bei einer der möglichen Nebenwirkungen des Medikaments. Auch ich leide darunter, an anderer Stelle wird mehr davon zu lesen sein.

Ich könnte auch meine zunehmende Leibesfülle als Ergebnis beschriebener Nebenwirkungen von Kortison/Predniloson abtun, fürchte aber, es mir damit möglicherweise etwas einfach zu machen. Ich sollte dabei auch mangelnde Bewegung und falsches Ernähren, also Dinge, die zum großen Teil ich selber und nicht allein ein Medikament zu verantworten haben, in Betracht ziehen.

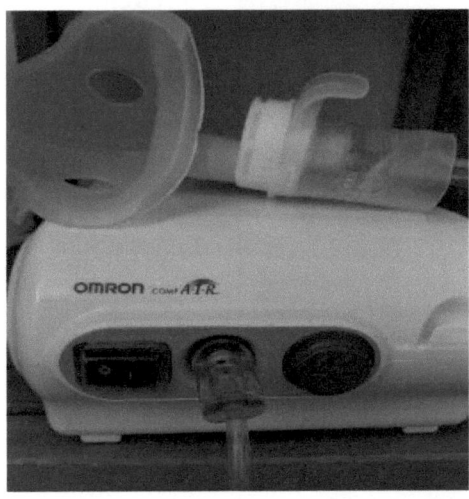

Zum Morgen gehört auch **IPRAMOL TEVA**. Es ist eine Flüssigkeit, die ich über einen Vernebler einatme, ähnlich dem Vorgang des Inhalierens.

Laut Packungsbeilage sollen so Verkrampfungen feinster Muskeln um kleinste Atemwege in den Bronchien gelöst und damit das Atmen leichter gemacht werden.

Ich habe also Muskeln in den Bronchien.

Und noch zwei Medikamente, die ich in gasförmiger Form zu mir nehme: **Trimbow** wird als Therapiespray eingesetzt. Ich nehme davon

morgens und abends jeweils zwei Hübe. Es soll die Entzündungsprozesse in den Bronchien bekämpfen. Und wenn alles nicht hilft, wenn ich trotz aller Medikamente oder in Belastungssituationen zu sehr in Luftnot gerate, führe ich **Berodual** als Bedarfsspray mit mir. Es verschafft schnelle Erleichterung, darf aber über den Tag nur begrenzt verwendet werden.

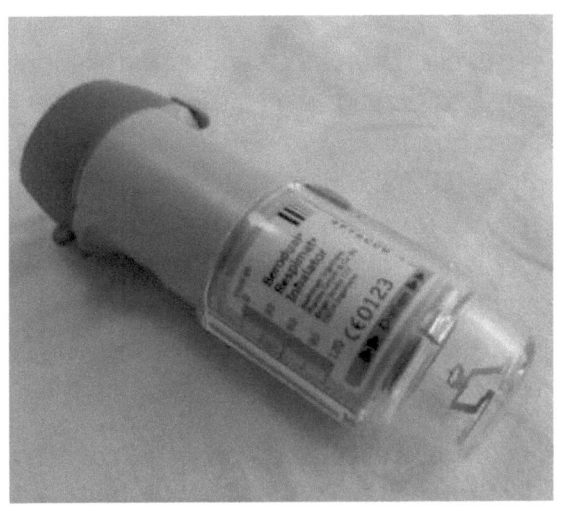

Neben den Medikamenten in all ihren
Darreichungsformen habe ich noch weitere
Hilfsmittel zur Hand, die mir mein Leben mit COPD
erleichtern sollen. Eines
davon heißt **Flutter**.

Von der äußeren Form
her einer dicken
Tabakspfeife (!) ähnlich,
dient es am Ende der
Lockerung und dem
dann möglichen
Abtransport von Schleim
aus den Bronchien. Dazu
blase ich durch ein
Mundstück, um eine
Stahlkugel zu bewegen,

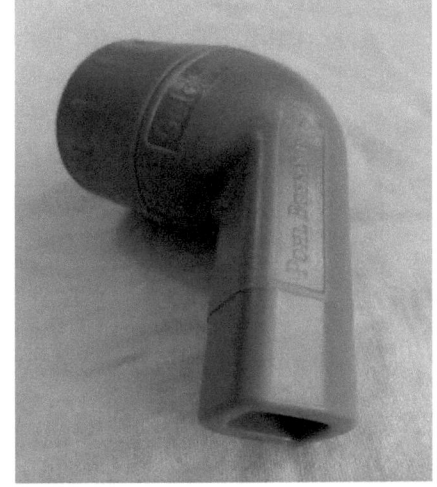

die dann im ständigen

Wechsel die Luftaustrittsöffnung schließt oder
öffnet. Das erzeugt ein Flattern im Rachenraum,
das den beschriebenen Effekt der Schleimlösung
bewirkt. Ich habe den Flutter auch im Kampf
gegen das Rauchen eingesetzt. Nicht dass er mir
das fehlende Nikotin ersetzt hätte. Aber als
Ersatzhandlung – ich halte etwas in den Händen,
ich führe etwas zum Mund, ich atme durch dieses
Etwas – hat es eine Zeit lang herhalten können.

Ist es nicht armselig, wovon sich Raucher
abhängig machen?

Aber ein positiver Nebeneffekt beim Gebrauch des
Flutters ist noch zu beschreiben: Richtiges Atmen
ist von entscheidender Bedeutung bei COPD-
Patienten. Getrieben vom ständigen Gefühl, zu
wenig Sauerstoff zur Verfügung zu haben,
konzentriert sich der Betroffene zu sehr auf das
Einatmen. Das geschieht dann zu schnell, zu
hektisch und zu oberflächlich, weil der
luftaufnehmende Raum zu klein ist. Das liegt auch
daran, dass zu wenig ausgeatmet wird, was
wiederum zur Folge hat, dass zu viele Teile
verbrauchten Sauerstoffs in der Lunge verbleiben.
Ein Teufelskreis, der nur durch eine richtige
Atemtechnik durchbrochen werden kann. Es gibt
Therapieangebote, bei denen Patienten richtige
Atemtechniken erlernen können. Auch ich konnte

diese Erfahrung machen und ich erinnere mich unter anderem an mein Erstaunen darüber, wo

überall in meinem Oberkörper Lunge ist und also Raum, den man gezielt mit Luft befüllen kann. Aber wie gesagt, das Ausatmen ist in meinen Augen der noch wichtigere Teil des Atmens und jetzt bin ich wieder beim Flutter. Das Hineinblasen in dieses Gerät ist ja wie Ausatmen. Und in dem Bestreben, die Stahlkugel möglichst lange flattern zu lassen, werde ich möglichst lange pusten und also ausatmen.
Und noch eine positive Nebenwirkung ist zu verzeichnen: Der Druck, den ich erzeugen muss, um die Stahlkugel zu bewegen, erzielt einen ähnlichen Effekt wie die Lippenbremse. Auf die werde ich später noch zurückkommen.

Aber in logischer Konsequenz weitergedacht müsste das doch auch bedeuten, dass das Aufblasen eines Schwimmkrokodils sich genauso positiv auf meine Lungenfunktion auswirken müsste. Kann ich daraus nicht eine Geschäftsidee entwickeln? Ich stelle mir ein kleines Bretterhäuschen am Rande eines großen Campingplatzes vor. Daran ein Schild:

Luftmatratze? Schlauchboot? Schwimmtier?
Ich blase es für Sie in Form.

Natürlich müssten meine Kunden etwas Zeit mitbringen. Aber sie haben ja Urlaub.
Und ja, natürlich ist gerade wieder einmal mein Hang zum Blödeln mit mir durchgegangen.
Aber wenn Sie es lesen konnten, ist es auch im Lektorat durchgegangen.

Weiter mit gebotener Ernsthaftigkeit.
Ein anderer Begleiter meines Lebens mit COPD ist der **PeakFlow**.
Es ist ein länglicher, flacher Kasten mit einem Mundstück und einer Skala. Auf dieser Skala sind bewegliche Schieber. Einen davon bewege ich mit einem einzelnen, aber so kräftig wie nur möglichen Ausatmer.
Die Stelle auf der Skala, an der der durch mein Ausatmen bewegte Schieber stehen bleibt,

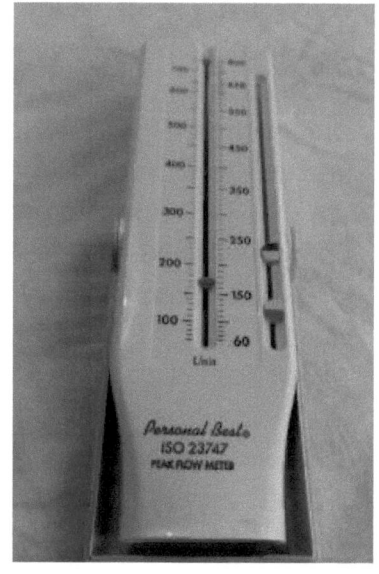

gibt Auskunft über das von mir bewegte Luftvolumen.
Das Ganze mache ich dreimal, den besten Wert trage ich in eine Tabelle ein. Mit den beiden anderen, farblich verschiedenen Schiebereglern, kann ich Durchschnittswerte markieren. Grün steht für den besten Wert, Rot für den schlechtesten.

Ich mag dieses Gerät nicht. Wer es über einen längeren Zeitraum gewissenhaft benutzt, kann nur zu einer Erkenntnis gelangen: Es verschlechtert

sich. So empfinde ich es jedenfalls und diese Erfahrung will ich nicht machen. Jedenfalls soll sie mir nicht bildlich, in Zahlen festgehalten vor Augen stehen. Ich spüre es doch auch so. Mit jedem Meter, den ich am Tag zurücklege, an jeder Treppenstufe, der ich nicht ausweichen kann.

Und jetzt endlich die **Lippenbremse**.

Bei einem Aufenthalt in einer Lungenfachklinik wurde ich gefragt, ob ich bei einem Vortrag vor Jugendlichen zu den möglichen Folgen des Rauchens mitwirken wolle. Ich habe gern zugesagt und ich habe meinen Teil der Veranstaltung mit der Frage begonnen, ob jemand wüsste, was eine Lippenbremse sei. Natürlich wusste es niemand und ich habe als Erstes möglicherweise aufkommende Befürchtungen ausgeräumt, es könne sich um eine Beschränkung der in ihrem Alter sicher schon erwachten Lust zu küssen handeln. Nein, mit der Lippenbremse ist ein Verfahren gemeint, das bewirken soll, dass die Luft beim Ausatmen einen Widerstand überwinden muss. Das erreiche ich, indem ich die Lippen etwas zusammenpresse und somit die Atemluft nicht ungehindert entweichen lasse. So baut sich in den Atemwegen ein Druck auf, der die kleinsten Verzweigungen in den Bronchien weiten kann.

Und noch ein Mittel gibt es, das im Kampf gegen die Auswirkungen von COPD, aber auch jeder beliebigen anderen Krankheit eingesetzt werden kann. Ich meine **Disziplin** und eigentlich ist dieses Mittel so wichtig, dass es nicht an letzter Stelle genannt werden sollte. Ich werde es so machen: Ich widme dem Thema ein eigenes Kapitel. Siehe Inhaltsverzeichnis.

Und eins darf am Ende dieses Kapitels nicht unerwähnt bleiben. Und ich möchte ausdrücklich herausstellen:

Die von mir beschriebenen Mittel sind beileibe nicht die einzigen, die im Kampf gegen die Auswirkungen von COPD Anwendung finden. Es sind die, die bei mir Anwendung finden. Sie sind ausgerichtet auf meinen momentanen Gesundheitszustand, auf die bei mir entwickelten individuellen Merkmale der Krankheit und sie mögen auch bestimmt sein von der individuellen Betrachtungsweise durch den Arzt, der mit mir befasst ist. Es gibt weitaus eingreifendere Maßnahmen, die notwendig werden können. Sauerstoffgabe, das ständige Mitführen eines mobilen Beatmungsgeräts, operative Eingriffe, wie eine Reduzierung des Lungenvolumens oder sogar die Transplantation der gesamten Lunge, um nur die mir bekannten zu nennen. Aber ich werde dieses Kapitel nicht damit beenden, dass ich sage, das eine oder das andere davon wird noch auf mich zukommen.

Nein, ich halte fest und beende dieses Kapitel mit dem Satz: Ich bin immer noch im weniger schlimmen Stadium von COPD.

Wege sind zum Gehen da.
Sind keine Wege da, schafft man welche.
Torsten Fischer, aus: Traumideen

Die Disziplin Disziplin

Als Sisyphos, dem König von Korinth, wegen seiner Unbotmäßigkeit gegenüber den Göttern die Strafe auferlegt wurde, einen schweren Felsbrocken einen steilen Hang hinaufrollen zu müssen, ist er immer wieder gescheitert.

Seine Kraft reichte nicht. Immer wieder entglitt ihm der Stein, rollte zu Tal und er musste von vorn beginnen.

Sisyphus

Matthäus Loder: Sisyphus, Kupferstich; 1. H. 19. Jh., gestochen von Friedrich John

Von COPD-Kranken wird nur (in Anführungsstrichen) verlangt, den Stein auf - sagen wir - halber Höhe zu halten. Ein Oben gibt es nicht. Wo oder was sollte das auch sein? Das Ziel ist immer diese halbe Höhe. Alles, was darunter liegt, ist einfach nur bedrohlich weiter unten. Und ganz unten, da, wo Sisyphos immer wieder von vorn beginnen musste, gibt es für den COPD-Kranken keinen weiteren Versuch mehr.

Also heißt es, die Füße mit aller Kraft in das Geröll des Abhangs zu stemmen und die Schultern fest hinter den Stein zu bringen. Und wenn man ins Rutschen kommt, gilt es neuen Halt zu suchen, Luft zu holen um neue Kraft zu sammeln und dabei möglichst nur wenig Boden preiszugeben. Verlorenes Terrain kann kaum und wenn überhaupt nur unendlich schwer wieder zurückgewonnen werden. Und so, wie der Stein beständigen Druck auf Sysiphos ausübte, dem er nicht nachgegeben durfte, wenn er nicht überrollt werden wollte, um danach seinen Weg zum Berggipfel wieder von Neuem beginnen zu müssen, genauso muss der Kranke der Krankheit COPD begegnen. Dazu braucht er unter anderem immer wieder aufs Neue unendlich viel Disziplin.

Disziplin ist ein belastetes Wort. Es ist ein „Stöhnwort". Soll heißen, der, dem es fordernd entgegengehalten wird, wird mit unwilligem Stöhnen reagieren. Lehrer fordern Disziplin in der Schule. Das Leben erfordert zu seiner erfolgreichen Bewältigung Disziplin. Disziplin braucht Regeln, die einzuhalten sind. Das Einhalten von Regeln erfordert Disziplin ......

Ich mache ein einfaches Beispiel: Sie haben Halsschmerzen, Ihnen werden Lutschtabletten verschrieben, die bei richtiger Anwendung Linderung bringen sollen. Diese Tabletten müssen aber bis zum Ende, bis zur finalen Auflösung gelutscht werden. Nicht gekaut, zerbissen, im Ganzen geschluckt oder wieder ausgespuckt, weil Ihnen der Auflösungsprozess am Ende zu lange dauert und den weiteren Tagesablaufpunkten in die Quere kommt. Der Frühstückskaffee mit der Zigarette dazu muss ja auch noch vor dem Verlassen des Hauses geschafft werden. Entschuldigung, ich nehme die Zigarette wieder raus.

Aber haben Sie das schon mal geschafft? Oder haben auch Sie die Lutschtablette zerkaut, schon vorher geschluckt oder den lästigen Rest in den Mülleimer gespuckt?
In diesem kleinen, scheinbar unwichtigen Moment offenbart sich Disziplin. Und der Alltag eines ernsthaft kranken Menschen, egal, ob die Krankheit COPD oder anders heißt, setzt sich zusammen aus solchen kleinen Momenten. Und ich habe das Attribut „unwichtig" jetzt bewusst weggelassen. Im eben dargestellten Beispiel geht es um Halsschmerzen. Bei meinem Schreiben geht es um die lebensbedrohende Krankheit COPD. Ist da nicht unendlich viel mehr Grund gegeben, Disziplin zu einer Grundtugend zu machen ?

Ein Medikament, das nicht regelmäßig und unter Beachtung aller Dosierungs- und Einnahmehinweise, sei es durch den Arzt oder die Packungsbeilage, eingenommen wird, kann möglicherweise nicht seine gewünschte oder geforderte, weil unbedingt nötige Wirkung erzielen. Ich bin lange Zeit leichtsinnig und oberflächlich, nein, klarer ist das Wort „undiszipliniert" mit meiner Medikamenteneinnahme umgegangen. Hinterher habe ich mich damit beruhigt und herausgeredet, dass es mir auch ohne Tablette nicht schlechter gegangen ist. Nicht anders, als wenn ich das Medikament vorschriftsmäßig genommen hätte. Wer aber will ausschließen, dass es mir heute besser ginge, wenn ich mit mehr Vernunft, mehr Verantwortungsbewusstsein und eben mehr Disziplin gehandelt hätte? Auf jeden Fall ist nicht von der Hand zu weisen, dass ich eine Chance vergeben habe, die nicht viel Aufwand erfordert hätte. Nur diesen kleinen Moment an Disziplin.

Ich habe im Kapitel „Auf die Krankheit, fertig, los!" weitere Hilfsmittel beschrieben, die neben Medikamenten den Alltag eines COPD-Kranken begleiten. Der Flutter zum Beispiel sollte drei Mal am Tag für etwa 10 Minuten benutzt werden. Wissen Sie, wie lang 10 Minuten sein können? Wenn man einfach nur dasitzt und in ein grünes Rohr bläst? Nach drei Minuten hilft es nicht mehr, daran zu denken, dass es einem wichtigen Zweck dient. Nach 5 Minuten glaubt man, es müssten doch eigentlich schon zwanzig vergangen sein. Und in der neunten Minute sagt man sich, dass das

doch eigentlich schon reichen müsste.
Und schon zerbeißt man den letzten Rest der
Lutschtablette.
Dabei erziele ich mit dem Flutter tatsächlich
erkennbare Wirkung. Schleim löst sich und kann
abtransportiert werden. Damit erzielt dieses Gerät
mehr und vor allem deutlichere und unmittelbar
wahrnehmbarere Wirkung als von den meisten
meiner Tabletten gesagt werden kann.

Der Einsatz des PeakFlow ist da schon
aufwendiger. Weil Buch geführt werden muss, weil
Werte eingetragen werden und das mehrmals am
Tag. Und erst die Gesamtheit der Werte über einen
längeren Zeitraum schafft einen Aussagewert.
Natürlich kann man da auch schummeln und
Fantasie und Erfahrungswerte nutzen. Und ich
habe geschummelt. Schummeln ist Betrug. Nur
dass ich mich für diesen Betrug bei niemandem
entschuldigen muss. Habe ich mich doch selber
betrogen. Dabei könnte hier ein Tick von mir zum
Einsatz kommen (und eine ganze Zeitlang hat das
auch gut geklappt), den ich schon in meiner
Kindheit gepflegt habe: Ich liebe Zahlen,
Diagramme und Tabellen, die darstellen, was ich
zählbar geleistet habe. Schon als Zehnjähriger
habe ich mit dem Fuß einen Ball jongliert und dann
in eine Tabelle eingetragen, wie oft mir das
gelungen ist, ohne dass der Ball zu Boden fiel.

Diese spielerische Verarbeitung einer
selbstgestellten Aufgabe hat mir auch beim
Umgang mit der Krankheit geholfen. Jedenfalls
solange, wie mich der Spaß am Spielerischen das
Unbequeme der täglichen, disziplinierten Routine
vergessen ließ.

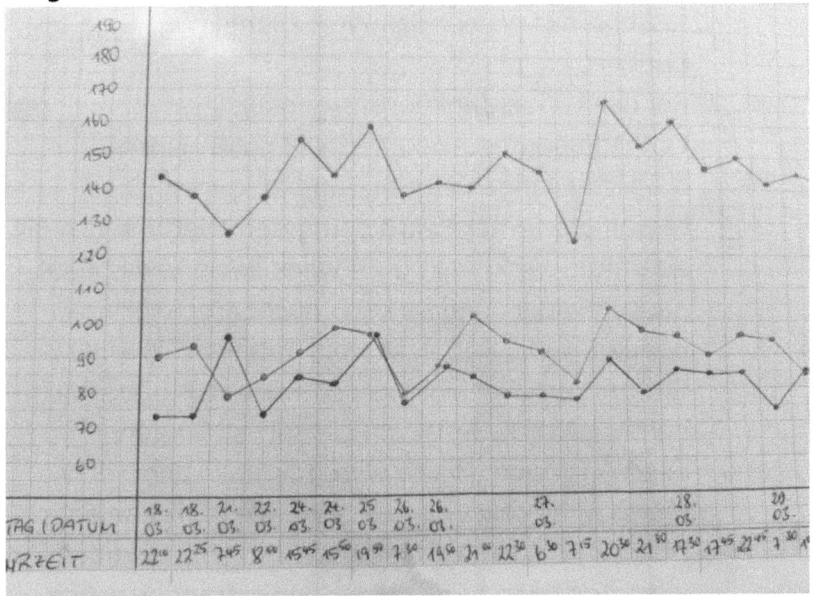

Ich muss noch einmal ausholen. Die Krankheit
COPD bedingt auch Muskelschwund. Nicht nur als
Folge der Einnahme bestimmter Medikamente,
sondern auch auf Grund der Tatsache, dass
Bewegung immer mehr körperliche Anstrengung
verlangt und damit vom Kranken gern gemieden
wird. Und schon ist man in einem Teufelskreis
gefangen, der unbedingt gebrochen werden muss.
Weil dieser Teufelskreis, der besser Teufelsspirale

genannt werden sollte, nur einen Endpunkt kennt: Den ganz unten. Also muss ich bewusst gegensteuern, mich immer wieder zu körperlicher Anstrengung zwingen, immer wieder den berühmten inneren Schweinehund überwinden und eigentlich kann ich an dieser Stelle zusammen-fassend nur wieder das Wort Disziplin ins Spiel bringen.

Bei der Lungenfunktionsdiagnostik lässt man einen COPD-Patienten exakt sechs Minuten einen möglichst langen Flur auf und ab gehen. Die bewältigte Strecke wird gemessen (der Versuch gilt aber nur, wenn man unterwegs keine Verschnauf-pause einlegt) und so kann hochgerechnet werden, welche Strecke vom Patienten in einer Stunde zurückgelegt worden wäre. Ich habe mich immer gefreut, wenn ich die sechs Minuten geschafft habe. Heute wäre mir das kaum mehr möglich, es sei denn, die am Ende zurückgelegte Distanz ist auch als Negativrekord eine Urkunde wert. Ich habe mich immer nur gefragt, welchen Aussagewert solche Zahlen haben. Jedem Beteiligten sollte doch klar sein, dass die Hochrechnung auf eine Stunde fernab jeglicher Alltagsrelevanz ist.

Aber ich habe das aufgegriffen. Ich habe ein Trainingsprogramm für zu Hause ausgearbeitet, das auch diese sechs Minuten Gehen beinhaltete. Ich bin immer um unser Hochhaus herumgelaufen und habe mich immer gefreut, wenn ich mehr als zwei Mal an der Haupteingangstür vorbeigekommen bin. Und ich habe mich auch immer gefreut, wenn ich auf meiner Umlaufbahn keinem Bekannten begegnet bin. Schnaufend, mit ständigem Blick auf mein Handy. Darauf lief das Trainingsprogram des Schrittzählers, das mir zeigte, wie lang die sechs Minuten noch sind (und eine fünfte Minute ist sehr viel länger als eine zweite!), und am Ende stand da die Zahl der Schritte, die ich in diesen sechs Minuten geschafft hatte.

Gelobt sei die Technik, die so etwas möglich macht.

Gelobt sei meine Disziplin.

Aber ich kann von noch mehr Heldentaten berichten

Wie schon erwähnt, wohnen wir im 15. Stock eines Hochhauses. Das natürlich einen Fahrstuhl hat. Aber auch ein Treppenhaus.

Nein, ich bin nicht die 15 Stockwerke zu Fuß die Treppe hinauf. Auch als Rentner hat man nicht unendlich Zeit. Und um wieder ernst zu werden, als angeschlagener COPD-Kranker nicht im Ansatz die Kraft dazu.

Aber ich habe mich gezwungen, täglich einmal vom zehnten bis in den fünfzehnten Stock das Treppenhaus zu benutzen. Wieder mit dem Handy in der Hand, dieses Mal, um die Zeit zu stoppen. Stoppunkt war immer der Moment, da ich, oben angekommen, nicht mehr gezwungen war, sofort nach dem Ausatmen schnappartig wieder einzuatmen, sondern meinen

Atem soweit beruhigt hatte, dass ich es ruhiger angehen konnte und nicht gezwungen war, sofort den nächsten Atem zu holen.

In der Regel brauchte ich für eine Treppe etwa auch eine Minute. Kein Wert, auf den ich stolz sein könnte. Aber die Tatsache, dass ich es jeden Tag wieder gemacht habe, ist das, worauf ich stolz bin. Und all diese Zahlen habe ich in komplizierte, selbst erstellte Tabellen übertragen. Dazu kamen noch PeakFlow-Werte, gemessener Blutdruck, Notizen zu Medikamenteneinnahmen oder Inhalation.

Und am Monatsende habe ich Durchschnittswerte ermittelt, um einfacher mit dem Vormonat ver-gleichen zu können. Ich habe meinen Tick gelebt und zu gutem Zweck missbraucht.

Natürlich muss ich mich jetzt der Frage stellen, warum alles in der Vergangenheitsform beschrieben ist, was nur den einen Schluss zulässt, dass diese Musterbeispiele für den disziplinierten Umgang mit einer Krankheit inzwischen der Vergangenheit angehören.

MAI 2018

Tag/Datum	6 min Schritte	Blutdruck 1			Blutdruck 2			Treppe	Peak 1	Peak 2	Medi	Inhalieren
DI. 01.05	446	90	138	74	/			5:30	170	180	50mg	111
MI 02.05	507	84	130	70	90	135	72	5:05	180	180	50mg	111
DO 03.05	503	82	128	75	87	130	68	4:44	190	170	50mg	111
FR 04.05	481	70	144	76	80	140	72	4:12	200	190	50mg	111
SA 05.05	495	74	132	76	86	138	74	4:36	190	200	—	111
SO 06.05	573	86	135	79	84	140	70	4:55	190	180	—	111
07.05	486	70	123	78	76	130	82	5:12	170	180	—	1
DI 08.05	479	82	130	70	84	128	79	5:32			—	1
MI 09.05	/	80	127	79	/				180	170	—	11
10.05	556	85	130	79	90	139	72	5:43	200	180	—	11
FR 11.05	422	72	104	80	84	131	69	5:36	170	180	—	111
SA 12.05	481	85	130	74	95	138	76	5:10	170	170	—	111
SO 13.05	547	90	136	70	88	140	80	5:04	180	180	—	—
14.05	503	73	136	64	76	128	76	4:54	200	190	—	—
DI 15.05	446	4	130	81	84	140	80	5:10	170	200	—	—
MI 16.05	494	80	132	78					80	180	—	—
DO 17.05	503	86	141									
18.05	520	82										

Weil es immer unendlich viel Disziplin braucht, diszipliniert zu sein. Weil Disziplin nicht immer gleich ein sichtbares Ergebnis zur Folge hat. Weil die Kurven einer Tabelle auch nach unten weisen können, was wenig motivationsfördernd ist. Weil es draußen regnete, weil gerade Besuch gekommen war, als man loslegen wollte, weil es die Tagesform gerade nicht zuließ. Weil im Leben Anderes und Wichtigeres und Aufregenderes passieren kann, gegen das disziplinierte Tagesroutine in diesem Moment keine Chance hat.

> *Die Herrschaft über den Augenblick ist die Herrschaft über das Leben.*
> *Marie von Ebner-Eschenbach (1830 – 1916)*

Ich nehme mir vor, wieder zu dieser gar nicht mal vor langer Zeit beinahe schon Alltag gewordenen Routine zurückzukehren. Auch in dem Wissen, dass ich keine Werte mehr erreiche, die an die Leistungskurven älterer Tabellen anknüpfen werden. Ich schau einfach nicht auf die alten Tabellen und beginne eine neue Zeitrechnung. In der erst einmal nicht die Zahlen im Vordergrund stehen, sondern allein die Tatsache, dass ich es überhaupt wieder tue.

Mit neuen, selbsterstellten Listen, Tabellen und – Disziplin.

Kampf mit Nebenwirkung

Medikamente sind **Waffen** im **Kampf** gegen Krankheiten.

Ich mag diese Sprache nicht so sehr, auch wenn es mir bisher nicht gelungen ist, ohne sie auszukommen oder ein Äquivalent dafür zu finden. Mit mir und meiner Krankheit ist – wie bei allen anderen Menschen und allen anderen Erkrankungen auch – die **Human**medizin befasst. Die sollte sich nicht über Termini der mit Krieg befassten Menschen artikulieren. Ich muss aber für das, was ich thematisieren will, zum Wort „Schwert" kommen. Ich will darauf hinaus, dass der Einsatz von Medikamenten meist ein zweischneidiges Schwert ist.

Eigentlich taugt ein Schwert wenig als Metapher, wenn es um Krankheiten geht. Es ist ein Werkzeug, das eher für eine Ad-hoc-Lösung zu gebrauchen ist. Sein Einsatz würde ein Problem kurz und knapp „lösen". Die Wirkung eines Medikaments baut sich im Gegensatz dazu erst nach Zeiträumen auf und ist auf lange Zeiträume ausgerichtet. Nein, mit zweischneidig ziele ich auf die Tatsache, dass neben der beabsichtigten positiven Wirkung oft noch eine weitere, weniger hilfreiche, weil manchmal sogar kontraproduktive, schädliche (Neben)wirkung in Kauf zu nehmen ist.

Ich habe es in einem vorangehenden Kapitel schon thematisiert, will aber trotzdem noch einmal explizit darauf eingehen. Auch aus dem Grund heraus, dass niemand zu leichtfertig darauf bauen sollte, dass eine Erkrankung doch gar nicht so beunruhigend sein muss, weil es in den meisten Fällen genügend wirkungsvolle Medikamente gibt, mit denen man gegen die Krankheit angehen oder sich doch wenigstens mit ihr arrangieren kann.

Denn wie gesagt, man wird neben dem erfolgreichen Wirken eines Medikaments in den meisten Fällen auch etwas weniger Positives in Kauf nehmen müssen. Und ich drückte schon meine Hoffnung aus, dass ein Arzt dank seiner Fachkenntnis die richtige Entscheidung trifft, wenn es gilt, das Risiko möglicher Nebenwirkung gegen die beabsichtigte Wirkung und also den Nutzen eines Medikaments abzuwägen. Und ich hoffe, dass in meinem Fall die Entscheidung für Kortison alternativlos ist. Denn ich habe mehr als mir lieb ist mit den Nebenwirkungen zu tun. Ich werde gleich darauf eingehen, es ist das Anliegen dieses Kapitels. Aber vorher noch einmal zu den vielfach gefalteten Zetteln, die nie wieder in die Medikamentenpackung passen, wenn man sie erst einmal auseinandergefaltet und gelesen hat. Und eigentlich möchte ich jedem abraten, Packungs-beilagen von Medikamenten zu studieren. Nicht, weil man sie kaum wieder in der Medikamenten-schachtel unterbringen kann, sondern weil ich glaube, dass nicht eine unter ihnen ist, die nicht für irgendwen irgendeine irgendwie beängstigende Botschaft bereithält.

Und dann gibt es noch die Packungsbeilagen, die ein anderes Medikament, das man aus anderem Grund auch nehmen muss, wie ein Gesundheitsrisiko aussehen lassen. Und dann solche, die einen glauben lassen, dass der Hersteller den falschen Beipackzettel dazugelegt hat. Weil zum Beispiel ein Mittel, das vorgeblich gegen Depressionen helfen soll, als mögliche Nebenwirkung Depressionen hervorrufen kann.

Und auch wenn man sich nur wenig für Wahrscheinlichkeitsrechnung interessiert, fragt man sich letztendlich doch, wie hoch die Wahrscheinlichkeit ist, dass man einer von Zehn, einer von Hundert oder gar einer von Tausend ist. Wobei das Vertrauen auf die wahrscheinliche Unwahrscheinlichkeit nicht hilft, wenn man dann doch der Eine ist.

Am besten fragen Sie Ihren Arzt oder Apotheker.

Und jetzt zu dem Medikament, dessen Name auch zur Überschrift dieses Kapitels hätte werden können:

Prednisolon

Da bin ich einer von Zehn **und** einer von Hundert **und** einer von Tausend.

Aber ich möchte folgendes voranstellen und ausdrücklich betonen:

Ich möchte dieses Medikament nicht diskreditieren. Es hat ganz sicher seine Berechtigung im Arsenal der Medizin, um noch einmal auf diese Sprache zurückzugreifen. Und manch ein Patient wird an dieser Stelle gar nicht mit mir konform gehen, weil dieses Medikament ihm nachweislich in großer Not geholfen hat. Aber sicher scheint auch zu sein, dass es – und es wird das Beste sein, wenn ich die folgenden Aussagen allein auf mich und meine Erfahrungen mit dem Medikament beschränke – mit sehr vielen bedenklichen Nebenwirkungen einhergeht.

Ich habe die Patienteninformation zu Prednisolon ausführlich gelesen. Ich habe einen Auszug daraus zum Thema Nebenwirkungen in dieses Kapitel eingefügt. Darin habe ich die Stellen, in denen ich mich wiedererkenne, rot markiert und mit einer Ziffer gekennzeichnet, damit ich mich kommentierend darauf beziehen kann.

Nicht jeder muss die gleichen Erfahrungen mit diesem Medikament machen wie ich. Jeder mag es anders vertragen. Aber jeder sollte den Gedanken in seinem Kopf platzieren, dass der beste Weg zur generellen Vermeidung von Nebenwirkungen nur der sein kann, es nicht dazu kommen zu lassen, solch ein Mittel oder irgendein anderes überhaupt erst einnehmen zu müssen.

Und nachdem ich diesen so herrlich pädagogisch wirksamen Absatz formuliert habe, komme ich zu dem, was Predniloson mit mir anstellt.

Hier erst einmal der Auszug aus der Packungsbeilage:

Auszug aus der Gebrauchsinformation für Patienten
Prednisolon 10 mg JENAPHARM® Tabletten

4. Welche Nebenwirkungen sind möglich?

Erkrankungen des Immunsystems: Überempfindlichkeitsreaktionen (z.B. **Arzneimittelhautausschlag**[1]), schwere anaphylaktische Reaktionen, wie Herzrhythmusstörungen; **Bronchospasmen (Krämpfe der glatten Bronchialmuskulatur**[2]**), zu hoher** oder zu niedriger **Blutdruck**[3], Kreislaufkollaps, Herzstillstand, Schwächung der Immunabwehr.

Endokrine Erkrankungen: Ausbildung eines sog. Cushing-Syndroms (typische Zeichen sind Vollmondgesicht, Stammfettsucht und Gesichtsröte), Inaktivität bzw. Schwund der Nebennierenrinde.

Stoffwechsel- und Ernährungsstörungen: **Gewichtszunahme**[4], erhöhte Blutzuckerwerte, Zuckerkrankheit, Erhöhung der Blutfettwerte (Blutcholesterin und Triglyzeride) und **Gewebswassersucht**[5], Kaliummangel durch

123

vermehrte Kaliumausscheidung, **Appetitsteigerung[6]**.

Psychiatrische Erkrankungen: **Depressionen, Gereiztheit[7]**, Euphorie, Antriebssteigerung, Psychosen, **Manie[8]**, Halluzinationen, **Stimmungslabilität[9]**, Angstgefühle, **Schlafstörungen[10]**, Selbstmordgefährdung.

Erkrankungen des Nervensystems: Erhöhter Hirndruck, Auftreten einer bis dahin unerkannten Fallsucht (Epilepsie) und Erhöhung der Anfallsbereitschaft bei bestehender Epilepsie.

Augenerkrankungen: Linsentrübung (Katarakt), Steigerung des Augeninnendrucks (Glaukom), Verschlimmerung von Hornhautgeschwüren, Begünstigung von durch Viren, Bakterien oder Pilze bedingten Entzündungen, **verschwommenes Sehen[11]**, erhöhtes Risiko einer zentralen, serösen Chorioretinopathie (Erkrankung der Netzhaut mit Verlust der Sehfähigkeit). Lassen Sie Ihre Augen regelmäßig von einem Augenarzt untersuchen.

Gefäßerkrankungen: **Blutdruckerhöhung[12]**, Erhöhung des Arteriosklerose- und Thromboserisikos, Gefäßentzündung (auch als Entzugssyndrom nach Langzeittherapie), erhöhte Gefäßbrüchigkeit.

Erkrankungen des Gastrointestinaltrakts: Magen-Darm-Geschwüre, Magen-Darm-Blutungen, Bauchspeicheldrüsenentzündung.

Erkrankungen der Haut und des Unterhautzellgewebes: Dehnungsstreifen der Haut, **Dünnwerden der Haut ("Pergamenthaut"[13])**, Erweiterung von Hautgefäßen, **Neigung zu Blutergüssen[14], punktförmige oder flächige Hautblutungen[15], vermehrte Körperbehaarung[16]**, Akne, entzündliche Hautveränderungen im Gesicht, besonders um Mund, Nase und Augen, Änderungen der Hautpigmentierung.

Skelettmuskulatur-, Bindegewebs- und Knochenerkrankungen: Muskelerkrankungen, Muskelschwäche, **Muskelschwund[17]** und Knochenschwund (Osteoporose) treten dosisabhängig auf und sind auch bei nur kurzzeitiger Anwendung möglich, andere Formen des Knochenabbaus (Knochennekrosen), Sehnenbeschwerden, Sehnenentzündung, Sehnenrisse und Fetteinlagerungen in der Wirbelsäule (epidurale Lipomatose), Wachstumshemmung bei Kindern.

Hinweis: Bei zu rascher Dosisreduktion nach langdauernder Behandlung kann es zu Beschwerden wie Muskel- und Gelenkschmerzen kommen.

zu 1) Arzneimittelhautausschlag
Ich weiß nicht genau, ob mit dem Arzneimittelhautausschlag das Gleiche gemeint ist, was ich im Kapitel „Peinlich im Kopf" beschreibe. Wenn ja, werde ich bei Punkt 14 und 15 noch einmal darauf

zurückkommen. Aber ich stelle neben den Unterblutungen fest, dass sich auch im Gesicht auf meiner Haut zunehmend Pickel und Bläschen bilden.

Unser Enkel ist im pubertären Alter von 13 Jahren. Da hat man eigentlich, was das Körperliche betrifft, von Natur aus oder vom Alter her nur wenige Gemeinsamkeiten. Wir witzeln jetzt herum, ob ich mich auch mit Akne ausstatte, um ihm und seinen Jugenderfahrungen ein Stück näher zu sein. Aber die Ausschläge bei mir sind nicht allzu gravierend und möglicherweise nicht einmal eine unmittelbare Folge der Medikamenteneinnahme. Allein es in der Packungsbeilage gelesen zu haben lässt mich einen Zusammenhang herstellen und den Versuch unternehmen, meine Hautirritationen diesem Medikament zuzuschreiben.

zu 2) Bronchospasmen (Krämpfe der glatten Bronchialmuskulatur)

Das zu lesen hat mich unendlich irritiert. Ich leide unter Atemnot. Ich brauche Medikamente, die mir das Atmen erleichtern, die meine Atemwege erweitern und nicht solche, die die verengten Atemwege noch dazu krampfen lassen. Wahrscheinlich braucht es hier wieder den medizinisch gebildeten Fachmann, der eine Erklärung dazu geben kann.

zu 3) zu hoher Blutdruck

Auch der kann eine Alterserscheinung sein und muss nicht unbedingt mit der Einnahme von Prednisolon zu tun haben. Aber ich habe ihn, und ich habe ihn, seit ich Prednisolon als Dauermedikament einnehme. Ich weiß nicht, was mich veranlasst hat, selber meinen Blutdruck zu kontrollieren. Bei gelegentlichen Messungen im Krankenhaus oder bei anderen, anfallenden Untersuchungen habe ich entsprechende Werte ignoriert oder als dem Augenblick geschuldet angesehen. Bis ich irgendwann das beständige körperliche Gefühl hatte, dass ich tatsächlich im wahrsten Sinne des Wortes unter Druck stehe. Gelegentliche Messungen ergaben bedenklich erhöhte Werte, dauerhafte und regelmäßige Messungen ergaben dauerhaft bedenklich erhöhte Werte. Und das brachte meine Hausärztin dazu, mir ein weiteres Medikament zu verschreiben.
Es könnte eine neue „Unendliche Geschichte" werden, wenn ich mich jetzt auf die Nebenwirkungen dieses Medikaments einließe und vielleicht wäre es mal ein lustiges Gedankenspiel, den unendlichen Verzweigungsmöglichkeiten oder auch –zwängen nachzugehen, die jedes neue Medikament im Zusammenwirken mit anderen nach sich ziehen kann.
Wenn es nicht so ernst wäre.

zu 4) Gewichtszunahme
Mir hat das Wort „Stammfettsucht" im Absatz

darüber viel besser gefallen. Es entspricht mehr dem, was ich sehe, wenn ich vor einem Spiegel stehe. Auch wenn es möglicherweise gar nicht das meint, was ich damit verbinde.

Tatsache ist, dass ich deutlich an Gewicht zugelegt habe. Auch wenn es weniger die Kilo sind, die mich stören, sondern eher die Verteilung dieser zu vielen Kilo. Sie drängen sich alle in der Körpermitte. Es scheint auch, als werden sie nicht nur angefuttert, sondern noch zusätzlich aus anderen Bereichen des Körpers abgezogen. Arme und Beine werden nämlich immer dünner. Und der zunehmende Bauch hindert mich dazu noch zunehmend am Atmen. Natürlich ist alles auch eine Folge mangelnder Bewegung. Aber ein 100-m-Lauf ist mit COPD schwer zu leisten. Und mit solch einem Bauch erst recht. Kennen Sie die Geschichte des Gordischen Knoten, der den Streitwagen des phrygischen Königs Gordios scheinbar unlösbar mit der Deichsel verband? Genauso unlösbar scheint das ineinander verschlungene Problem von Bewegungseinschränkung, Krankheit und Medikamenten zu sein. Nur dass hier nicht wie seinerzeit der gewaltsame Schwerthieb von Alexander dem Großen hilft, der den Gordischen Knoten löste, indem er ihn einfach zerschlug.

Hier hilft nur Disziplin und Willen. Und es muss ja kein 100-m-Lauf sein. Es reicht schon, in einer Lungensport-Gruppe mitzumachen, wie ich es seit

August dieses Jahres tue.

zu 5) Gewebswassersucht
Ich reibe mich an dem Wort „Sucht". Es erinnert mich an die Tatsache, dass ich erst zu dieser Nebenwirkung von Prednisolon gekommen bin, weil ich die Sucht zu rauchen entwickelt habe. Hätte ich mich nicht der Nikotinsucht hingegeben, wäre mir diese Sucht wahrscheinlich erspart geblieben. Jetzt muss ich mit der Tatsache leben, dass meine Füße zu groß oder Schuh und Strümpfe zu klein sind. Ich habe täglich Wasser in den Beinen, genauer in den Füßen. Das kann auch zu Schmerzen im Knöchelbereich führen. Die Schwellungen, die das sichtbare Zeichen der Wasseransammlungen sind, rechtfertigen solch plumpe Bezeichnungen wie „Klumpfuß" oder „Elefantenfuß". Und es läuft sich nicht gut mit solcher Art Fuß. Da schnürt selbst der Rand einer harmlosen Socke das Bein mit einer Heftigkeit ab, die bei einer Korsettträgerin barocker Epochen zwei kräftige Zofen brauchte. Wobei sich die Wasseransammlungen nicht auf die Füße beschränken müssen. Es kann auch höher hinauf gehen und dann wird es entsprechend gefährlicher. Ich weiß, dass nicht allein Prednisolon für die Wassereinlagerungen verantwortlich sein muss. Ein durch die COPD überfordertes Herz kann auch der Grund sein. Aber um das weiter zu erläutern, fehlt es mir an medizinischem Fachwissen.

Es ist viel die Rede davon, dass man am Tag soundso viel Liter Wasser trinken soll, um sich den Stempel „Gesunde Lebensweise" zu verdienen. Ich versuche es ja. Aber meine größere Sorge ist es, Wasser wieder loszuwerden.

Auch dabei hilft mir ein Medikament.
Ein Medikament gegen die Nebenwirkung eines Medikaments.

zu 6) Appetitssteigerung
Kann ich nur punktuell bestätigen. Es ist kein durchgängiges Phänomen bei mir. Es gibt Tage, da ich mich regelrechten Fressorgien hingeben könnte. Da habe ich in jedem Moment auf jedes und alles Appetit. Aber seit mir der unter Punkt 4 beschriebene Bauch nicht nur beim Atmen, sondern tatsächlich auch schon beim Sitzen hinderlich wird und nachdem ich schon Gürtel aussortieren musste, lasse ich schon mal meinen Verstand regulierend in das Appetitszentrum in meinem Kopf eingreifen.
Ich könnte auch Appetitzügler nehmen. Aber wer weiß, was für Nebenwirkungen die haben?

zu 7, 8 und 9) Depressionen, Gereiztheit, Manie und Stimmungslabilität
Ich habe diese Punkte zusammengefasst, weil das eine in das andere übergehen kann und alles zusammen Stimmungslagen beschreibt, die mich

befallen können und die oft meinen Tag begleiten. Vielleicht sollte ich an dieser Stelle Platz einräumen für die mir nächsten und liebsten Menschen, auf das sie sich dazu äußern können. Denn sie sind die eigentlich Leidtragenden meiner Stimmungs-kapriolen. Manchmal erschrecke ich mich vor mir selber. Wenn sich eine Seite auf dem Bildschirm meines Laptops nicht schnell genug aufbaut und das an einem falschen Tag passiert, könnte ich selbigen an die Wand schmettern. Es bedarf tatsächlich einer Willensleistung von mir, die plötzlich aufwallende Wut zu bändigen. Halten wir als positiv fest, dass mir das bis heute gelungen ist.

Aber es muss nicht unbedingt laut und zornig werden. Als es bei der vor Kurzem stattgefundenen Leichtathletikweltmeisterschaft einer mir völlig unbekannten Sportlerin gelang, eine nicht mal allzu hohe Höhe zu überspringen, hat mich ihre überschäumende Freude dazu gebracht, in Tränen auszubrechen. Eigentlich brauche ich nicht einmal solch einen Anlass. Es kann auch passieren, dass mir beim Abwaschen Tränen in die Augen steigen. Einfach so. Dabei finde ich Abwaschen gar nicht so schlimm. Weder die depressiven Phasen noch die manischen brauchen einen bedeutenden Auslöser. Sie sind einfach da und brauchen nur ein kleines Häkchen, um sich daran aufzuhängen. Und nein, so war ich früher nicht. Und nein, bitte wider-sprecht mir jetzt nicht!

Sonst werde ich gleich mal so richtig sauer!

zu 10) Schlafstörungen

Habe ich. Und wieder räume ich die Möglichkeit ein, dass es auch eine Alterserscheinung sein kann. Im Alter braucht man nicht so viel Schlaf, heißt es. Dem kann ich nicht zustimmen. Ich bin viel und oft müde. Wenn ich mich in eine ruhige Phase des Tages begebe, laufe ich Gefahr einzuschlafen. Das kann im Wartezimmer eines Arztes sein oder zu Hause, wenn ich dann doch mal zu einem Buch greife. Eigentlich lese ich kaum noch, was sehr schade ist. Aber kein Buch hat es verdient, dass es einem spätestens nach der fünften Seite aus den Händen gleitet.

Der Nachtschlaf ist wohl der wichtigste. Um ihn nicht zu gefährden, vermeide ich es, am Tage zu schlafen. Um ihn zu befördern, greife ich gelegentlich zu unterstützenden Mitteln. Meine Erfahrungsberichte zu diesen Mitteln eignen sich aber nicht für erfolgreiche Werbekampagnen. Soll heißen, auch mit einer Schlaftablette im Blut kann ich zwei Stunden später wieder neben dem Bett stehen. Ich weiß nicht, was mich weckt. Wenn es nicht gerade ein Hustenanfall ist. Oder ein Krampf. Das passiert des Öfteren und er kann die unterschiedlichsten Regionen meines Körpers betreffen. Wer jetzt spontan „Magnesiummangel" ruft, dem sei gesagt, dass ich dem nachgegangen bin. Es ist nicht der Mangel an etwas, es ist der Überfluss an Stoffen, die Bestandteile der Medikamente sind, die ich täglich zu mir nehmen muss. Die mir das

Leben mit der Krankheit COPD zwar erleichtern, möglicherweise überhaupt erst ermöglichen, meinem Leben an sich aber auch ganz schön zusetzen.

zu 11) Verschwommenes Sehen
Ich trage seit meinen 40er Lebensjahren eine Lesebrille. Und alles, was weiter als Armlänge von mir entfernt ist, konnte ich bis vor Kurzem noch auch ohne Hilfsmittel immer in HD sehen. Inzwischen bin ich bei der Bildqualität eines Fernsehers der 60er Jahre angekommen. Ich sehe tatsächlich nur noch verschwommen. Wobei es jeden Tag anders sein kann. Selbst im Laufe eines Tages kann sich die Qualität meines Sehens verändern.
Ich bin auch dem nachgegangen. Ich war im Abstand von gut einem Jahr bei zwei verschiedenen Augenärzten. Der erste diagnostizierte Grauen Star und bescheinigte mir ein (Rest)sehvermögen von 50 Prozent. Einen Tag später hätte ich zur Augenoperation in die praxiseigene Augenklinik einziehen können. Ein Jahr danach wollte ein anderer Augenarzt nichts von Grauem Star hören und sprach von 80 Prozent Sehvermögen. Er empfahl mir einen Optiker. Obwohl ich nicht dem Rat des ersten Augenarztes gefolgt war, mich einer Augenoperation zu unterziehen.

Tatsache bleibt, dass ich nur noch schlecht sehe. Es kann schon passieren, dass ich nicht gleich erkenne, wer mir da auf der Straße aus zehn Metern Entfernung zuwinkt. Verkehrsschilder erkenne ich, weil ich sie kenne. „Erkennen" ist überhaupt ein tolles Wort. Es trägt das Problem beziehungsweise die Lösung des Problems schon in sich: Ich kann etwas leichter **er**kennen, wenn ich es **kenne**.

Ich finde immer nach Hause. Weil ich weiß, dass auf dem Ortsschild Potsdam steht. Und auf dem Straßenschild Humboldtring. Und sollte das irgendwer einmal ändern wollen, muss er mir unbedingt vorher Bescheid sagen.

Und ich verspreche, mich um eine Fernbrille zu bemühen.

zu 12) Blutdruckerhöhung

Ich bemerke im Moment des Schreibens, dass dieses Thema zweimal in der Packungsbeilage auftaucht. Ich habe schon unter Punkt drei dazu geschrieben und kann dem nichts Neues hinzufügen.

zu 13, 14, 15) Dünnwerden der Haut, Neigung zu Blutergüssen, punktförmige oder flächige Hautblutungen

Es klingt dramatisch und es sieht auch tatsächlich nicht sehr schön aus. Ich habe im Kapitel „Peinlich im Kopf" schon darüber berichtet. Dort findet sich auch ein Foto dazu. In der Packungsbeilage wird alles unter dem Wort „Pergamenthaut" zusammengefasst. Mir ist des Öfteren der Begriff „Kortisonhaut" begegnet. Egal, welche Bezeichnung die bessere ist, es macht die Sache nicht besser. Und es braucht schon ein dickes Fell und also viel Selbstbewusstsein, sich mit derart gestalteten Unterarmen im Sommer in der Öffentlichkeit zu bewegen.

zu 16) Vermehrte Körperbehaarung
Die kann ich tatsächlich vorweisen und seltsamerweise vor allem in den Bereichen, in denen auch die Kortisonhaut zu finden ist. Also an den Unterarmen. Vielleicht ist es ein Versuch der Natur, die von mir als peinlich empfundenen Verfärbungen zu überdecken. Dann wäre es eine andere Art von Schambehaarung.
Das ist mir jetzt beim Schreiben so rausgerutscht. Ist das jetzt mehr geschmacklos, oder doch ein gelungenes Wortspiel? Ich überlasse das Urteil dem Lektorat. Vielleicht überlassen die Mitarbeiter dort das Urteil dem Leser.
Ein Haarwaschmittelproduzent bewirbt sein Produkt mit dem Slogan „Doping für die Haare". Prednisolon scheint es tatsächlich zu sein. Ich bilde mir ein, dass auch der Prozess des Auslichtens des Haarbestands auf meinem Kopf gestoppt, wenn nicht sogar umgekehrt wurde.
Wenn dem so ist, bin ich am Ende dieses Kapitels sogar noch auf eine positive Nebenwirkung eines

Medikaments gestoßen. Was ein gutes Ende
ergeben könnte. Trotzdem noch folgende
Schlussbemerkung:
Mir fällt auf, dass dieses Kapitel das längste aller
Kapitel geworden ist. Das könnte dem Thema des
Kapitels ein falsches Gewicht geben. Deshalb noch
einmal meine Versicherung, dass ich Prednisolon
nicht schlecht machen wollte. Weder Prednisolon
noch ein anderes Medikament. Was ich beschrieben habe, habe ich so erlebt. Es muss nicht,
aber es **kann** passieren. Der sicherste Weg, dem
zu entgehen, ist es, nicht krank zu werden.

Und dafür kann jeder sehr viel tun.
Oder auch lassen.

Zum Beispiel das Rauchen.

Peinlich im Kopf

Gutes Benehmen ist die Kunst, Menschen unseren Umgang angenehm zu machen.
Jonathan Swift (1667 – 1745)

Was ist Peinlichkeit? Wann ist man peinlich, wann peinlich berührt? Was muss passieren, dass einem eigenes Tun peinlich ist oder man fremdes Tun als peinlich empfindet?

Ich behaupte, Ausgangspunkt ist immer ein Verhalten oder das Herbeiführen eines Zustands, der außerhalb gängiger Normen liegt oder der allgemein anerkannte Erwartungshaltungen nicht bedient. Wichtig an dieser Stelle auch subjektive Befindlichkeit. Die Schwelle zur Peinlichkeit wird bei jedem unterschiedlich hoch oder niedrig sein, sicher auch in Abhängigkeit von einer konkreten Situation. Wobei in den meisten Situationen eine Erklärung oder Begründung das Peinliche auflösen könnte.

Nur dass man eine solche Erklärung nicht immer liefern kann.

Folgendes nicht konstruiertes, sondern von mir selbst erlebtes und mitgestaltetes Szenarium:

Die Insel Kos im griechischen Mittelmeer.

Ein hochsommerlich blauer Himmel über Palmen,

die eine imposante Poollandschaft umschließen. Entschleunigte Menschen, die die Ferne vom unruhigen Alltags-leben genießen. Es riecht nach Sonnenöl und Blüten, mit denen sich die Sträucher zieren, die zur Verstärkung der Palmen angepflanzt sind. Zikaden zirpen zum leisen Plätschern der Wellen im Pool. Im Hintergrund aus versteckten Lautsprechern die musikalische Interpretation diese paradiesischen Gemenges.
Dann: Lautes, hartes, trockenes Husten poltert über die blaugekräuselte Oberfläche des Pools und hallt von den umgebenden Mauern des Hotelgebäudes wieder.

Ich bin's.

Der einzige von wahrscheinlich allen Urlaubern auf der Insel Kos, der hustet, ohne sich an einem Cocktail oder am Wasser des Pools verschluckt zu haben. Und ich kann dieses Husten nicht klein halten und schon gar nicht unterdrücken.

Zum Glück gibt es große, dickflauschige Pooltücher, die hervorragend schalldämpfende Eigenschaften haben. Ich liege nur wenig auf ihnen.

Eine Erklärung von mir könnte die Situation entpeinlichen:

„Liebe Urlauber, ich bin krank. Ich leide an COPD. Dieses Husten ist der störende, weil für alle wahrnehmbare Teil der Krankheit. Tut mir leid, wenn ich euch damit nerve. Und für alle, denen das Wort Raucherhusten in den Sinn gekommen ist: Ja, Ihr liegt damit nicht falsch. Aber Ihr sollt auch wissen, dass ich seit eineinhalb Jahren nicht mehr rauche. Auch wenn euch das gerade nicht hilft. Und mir scheinbar auch nicht."

Diese Ansprache sollte ich in gedruckter und vervielfältigter Form mit mir führen. Denn von solchen Situationen gibt es allzu viele und immer sind sie mit dem Empfinden verbunden, sich erklären zu müssen.

Auch eine Kaufhalle ist kein guter Ort zum Husten. Schon gar nicht in einer Jahreszeit, in der

Erkältungskrankheiten nicht auf der Tagesordnung sind und ich folglich der Einzige bin, der hustend durch die Gänge zieht. Und in den Augen mancher Kunden glaube ich Unsicherheit aufkommen zu sehen, ob die Gurke noch genießbar ist, wenn ich am Gemüsestand vorbei bin.

Gut, jetzt übertreibe ich. Aber manchen verstörten, wenn nicht sogar bösen Blick habe ich schon auf mich gerichtet gesehen. Und ja, ich verstehe euch. Und ich verspreche euch, immer die Hand vor den Mund zu halten. Und ihr versprecht mir, überhaupt den Mund zu halten und mich mit Sprüchen wie „Na, erst mal eine rauchen, wa?" zu verschonen. Habe ich mir schon anhören müssen. Allein meine Frau kann meinem Husten auch etwas Positives abgewinnen. Wenn sie bei gemeinsamen Einkäufen erst später die Kaufhalle betritt, hat sie mich ganz schnell gefunden. Auch wenn sie von der Arbeit kommt, erfährt sie manchmal schon auf dem Parkplatz vor unserem Haus, ob ich daheim bin.

Wir wohnen in einer Plattenbausiedlung in einem von drei Hochhäusern, die in einer Gruppe zusammen stehen. Und vom 15. Stock aus hat man eine beeindruckende Aussicht, aber auch eine große Reichweite und so kollert mein Husten vom Balkon weit über die Wohnblöcke und manchmal möchte ich beide Arme hochheben um zu zeigen, dass ich keine Zigarette in den Händen halte.

Mit unseren Nachbarn verstehen wir uns gut.

Meine Schwiegermutter Ingelore wohnt im 4. Stockwerk eines benachbarten Wohnhauses. Sie ist 86 Jahre alt. Wenn ich sie nach gemeinsamem Einkaufen in ihre Wohnung zurückbegleite, lasse ich sie im Treppenhaus vorangehen. Ich bitte sie auch, nicht auf mich zu warten. Auf jedem Treppenabsatz werde ich stehen bleiben, um wieder in einen ruhigeren Atemmodus zu gelangen. Und ich wünsche inbrünstig, dass in den nächsten Minuten kein anderer Hausbewohner das Treppenhaus nutzt. Weil der bei meinem Anblick auf den Gedanken kommen könnte, einen Notruf absetzen zu müssen. Und es würde mir schwerfallen, ihm sein Vorhaben auszureden, weil mir gerade die Luft zum Reden fehlt.

Wenn ich oben angekommen bin, ist der Kaffee durchgelaufen.

In einem großen Potsdamer Einkaufszentrum kenne ich jede Sitzgruppe. Früher wusste ich nicht, dass es dort welche gibt. Ich treffe dort nicht gern auf Bekannte, die nichts von meinem Zustand wissen. Ihr Tempo beim Gang durch die Einkaufs-straßen bei gleichzeitiger Lust, sich mit mir zu unterhalten, überfordert mich doppelt. Also wird der nächstbeste Laden gleich zu meinem eigentlichen Ziel und da wollte ich gerade rein und Zeit für einen Plausch habe ich eigentlich auch gerade nicht. Möglicherweise muss mir dann noch ganz spontan eine akzeptable Begründung dazu einfallen, was ich in einem Kurzwarenladen will.

Das Wort „Einkaufsbummel" ist ja in entspannten Kreisen sehr gebräuchlich.

Ich lebe es.

Ich kenne in diesem Einkaufszentrum heute nicht nur jede Sitzgruppe, ich kann auch jede Schaufensterauslage beschreiben. Nicht, weil ich es spannend finde, dass neben dem synthetischen, seltsam gefärbten und geformten Billigfummel eines ausländischen Billiganbieters (dem das eigene Angebot wahrscheinlich so peinlich ist, dass er sich nicht mit vollständigem Namen zu erkennen gibt, sondern nur die beiden Anfangsbuchstaben preisgibt) die gleichsam billigen, farblich zum Fummel passenden Pumps stehen.

Nein. Aber wenn ich diesen Anblick zwei Minuten ertrage, habe ich wieder ausreichend Luft, um die nächste Strecke in Angriff zu nehmen.

Ich ertappe mich gerade dabei, dass ich immer mehr versuche, beim Schreiben komisch zu sein. Ich kann es erklären. Ich schreibe von Dingen, die mir peinlich sind. Und wer hat nicht schon mal versucht, mit einem schnellen Witz über eine peinliche Situation hinwegzukommen? Genau das mache ich gerade und ich kann von noch mehr Peinlichkeit berichten.

Während ich das hier schreibe, entwickelt sich vor dem Fenster gerade der Sommer. Es wird also warm und das hat Konsequenzen, was Bekleidung betrifft. Kurze Hosen? Ich schrieb schon von den immer dünner werdenden Waden. Aber ab bestimmten Wärmegraden sieht auch jedes langärmlige Oberbekleidungsstück deplatziert aus. Also ist ein kurzärmliges T-Shirt oder Hemd das gebräuchlichere Kleidungsstück. Nur, bis zu diesem Moment konnte ich verbergen, was in der Fach-sprache Kortisonhaut heißt. Meine Unterarme, vor allem der linke (und auch meine Fachärztin kann mir nicht erklären, warum es mehr den linken betrifft), sehen abenteuerlich aus: Rot-blaue Flecken, die sich nach einem lapidaren Stoß, nach unbewusstem Kratzen in der Nacht oder warum auch immer entwickeln, lassen mich verwegen aussehen.

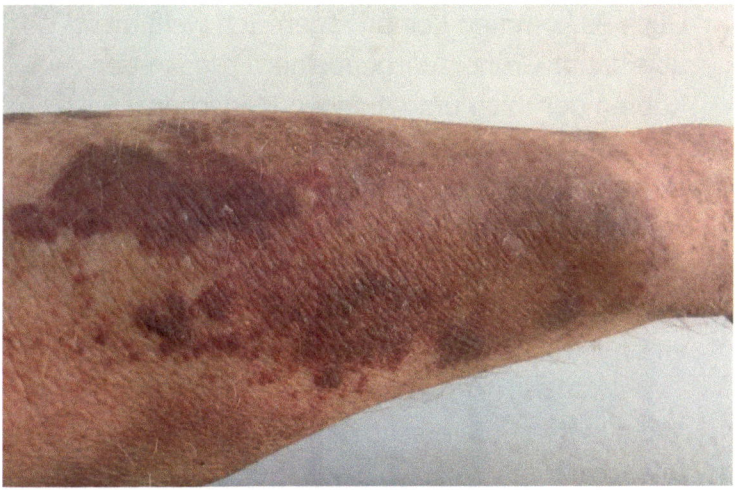

Wenn ich jemandem erklärte, ich würde als Hundeabrichter mit Pitbulls arbeiten, wozu gehört, dass ich ihnen meine Arme als Angriffsfläche anbiete, würde der mich bewundern. Weil er es glauben würde. Ich kann aber nicht jedem Menschen, der mir da draußen begegnet - und schon gar nicht ungefragt - erzählen, dass ich Pitbulls bändige und für den Alltag tauglich mache. Wenn der dann meine Unterarme sähe, würde er möglicherweise am Erfolg meines Tuns zweifeln.

Als feststeht, dass ich jahreszeitbedingt mein Geheimnis nicht länger vor meinen Mitmenschen verbergen kann, beschließe ich in meinem Kopf die Flucht nach vorn: Sollen sie es doch sehen. Ich hätte zwar Antworten auf irgendwelche Fragen zur Hand, aber Trotz ist erst einmal meine erste Verteidigungslinie.
Doch es kommen keine Fragen. Ich weiß nicht, ob überhaupt Grund zu irgendeiner Frage in den Köpfen der mich umgebenden Menschen aufkommt. Weil sie es vielleicht gar nicht bemerken. Oder sie bemerken es und schweigen, weil es ihnen peinlich ist zu fragen oder sie glauben, es könnte mir peinlich sein, wenn sie fragen. Oder sie sagen sich, der hat bestimmt einen Pitbull zu Hause.

Allein meine Fußverschönerin, die ja nun tatsächlich am anderen Ende meines Körpers arbeitet, bemerkt und hinterfragt die Verfärbungen. Sie gehört ab diesem Moment für mich zur Gruppe der sensiblen Menschen. Auch, weil sie nicht noch weitere fünf Fragen hinterherschiebt. Danke.

Meinem Freund Uwe wird dieses Kapitel bis hierhin nicht sehr gefallen. „Hör doch mal auf!", sagt er immer, wenn mir eine Situation peinlich ist. „Was soll denn das?! Was ist denn daran peinlich?!" Er will mir helfen und Danke dafür, Uwe. Aber ein Beispiel hab ich noch:

Wenn ich in einer Luftnotsituation bin, stellt sich parallel Harndrang ein. Und dann beginnt ein Wechselspiel, das sich zu höchster Not hoch-schaukeln kann. Ich muss pinkeln, stehe aber gerade vor dem Brotstand von REWE. Da geht das nicht. Ich muss also schnell raus. Es gibt eine Buschgruppe gegenüber von REWE. Dort muss ich ganz schnell hin. Schnell geht aber nicht, weil, ich habe COPD und kann keine körperlich be-eindruckenden oder überhasteten Leistungen erbringen. Das macht die Sache mit dem Pinkeln aber noch dringender und jetzt kommt die psychologische Komponente ins Spiel: Das eine geht nicht, macht aber das andere, das auch nicht geht, noch schlimmer, was wiederum Ersteres zum Notstand werden lässt. Ich habe es bisher geschafft, nicht einzupinkeln. Ich weiß aber, irgendwann wird es das erste Mal sein. Und jetzt will ich den hören, der sagt, das sei nicht peinlich.

Ja, Uwe, manchmal stelle ich mir auch die Frage, „Was ist dir eigentlich peinlich?" Der selbstbewusste, trotzige Teil von mir fragt das herausfordernd laut und auch ein bisschen aufgebracht. Mein unsichererer Teil fragt es leiser. Aber es ist die gleiche Frage. Es war mir doch auch nicht peinlich, andere Menschen mit dem unangenehmen Geruch zu belästigen, der von einem Raucher und seiner Kleidung ausgeht. Es war mir nicht peinlich, Freunde oder Bekannte in einem Auto mitfahren zu lassen, das am Auspuff fast besser roch als im Wageninneren. Die Polster, auf denen sie saßen, hatten Brandlöcher als dekorierendes Element. Ist es nicht peinlich, von Sucht getrieben nachts um 2 Uhr noch mal zur Tankstelle zu müssen, um Nachschub zu holen? Vielleicht macht das die momentan empfundene Peinlichkeit aus: Sich selber und damit auch allen anderen gegenüber eingestehen zu müssen, dass man größte Teile seines Daseins an Vernunft vorbei gelebt hat. Dass man sich wider besseren Wissens von Unverstand hat leiten lassen und nicht mit möglicher Stärke gegen dumme Schwäche angegangen ist.

*Richte dein Gesicht immer
zur Sonne, und die Schatten
werden hinter dich fallen.*

Walt Whitman 1819 - 1892

Momentaufnahme 3
Wege

Der Weg ist das Ziel, meint Konfuzius.
Ich weiß diesen Satz zu deuten, trotzdem muss ich
zuerst an Ameisen denken, die hektisch über den
trockenen Sand des Ostseestrands wuseln. Das
Ziel ihrer Betriebsamkeit erschließt sich mir nicht.
Wahrscheinlich weiß ich zu wenig vom Leben einer
Ameise am Ostseestrand.

Wenn ich den philosophischen Kern der Aussage
von Konfuzius ausblende, wird sie nur noch wenig
brauchbar für mich. Denn oft verhindert gerade
der Weg meine Absicht, auch bei größter Notwendigkeit zu einem Ziel zu gelangen.

Ich definiere Weg als Verbindung zwischen zwei
Orten. Muss ich dringend zur Toilette, ist die Länge
des Wegs von entscheidenden Bedeutung. Wenn
ich einkaufen gehe, muss ich unbegrenzt Zeit für
den Weg aufwenden können. Wenn ich den
Flatowturm anfassen will, muss man ihn zu mir
bringen. Ich werde den Weg den Hügel hinauf nie
wieder bewältigen.

Das sind Kriterien, die Wege für mich begehbar
oder unmöglich machen.

Im Kino wähle ich immer eine Sitzreihe in mittlerer

Höhe. Weiter hinten heißt weiter höher. Das schaffe ich nicht. Ähnlich entscheidet sich meine Platzwahl im Theater oder einem Konzertsaal.

Es war lange Zeit mein Wunsch, einmal die großartige Atmosphäre eines Livespiels im Stadion von Borussia Dortmund zu erleben. Ich weiß aber, dass bei Verlassen des Stadions steile Treppen zu gehen sind. Was soll's. Vor dem Fernseher ist man zwar weiter weg, aber dichter dran.

Im Sommer 2019 musste ich eine weitere einschränkende Erfahrung machen: Auch die Beschaffenheit des Wegs kann ihn für mich zu einem nicht mehr begehbaren machen. Nach einer Autofahrt über die griechische Insel Kos erreichten wir einen wunderschönen weiten Strand. Und nur noch fast weißer Sand trennte uns vom türkisfarbenen Meer.

Es ist sehr viel anstrengender, über tiefweichen

Sand zu laufen als über einen betonierten Weg. Für mich wurde es so anstrengend, dass ich das Wasser nicht erreichte.

Trotzdem darf ich keinen (Fuß)weg auslassen. Der Krankheit COPD muss auch mit körperlicher Aktivität begegnet werden. Und wenn es keinen Einkauf braucht, tut es auch ein Rundgang um den Wohnblock.

Und damit bin ich am Ende dann doch bei Konfuzius.

Der Weg ist das Ziel.

Beim Arzt

Jeder Mensch muss in seinem Leben zum Arzt. Wenn der Mensch älter wird, muss er öfter zum Arzt. Ist er chronisch krank, wird er es noch einmal mehr öfter müssen.

Ich bin alt **und** chronisch krank. Und ich bin heute froh, Rentner zu sein. Ich habe einen volleren Terminkalender, als ich ihn in meinen werktätigen Tagen hatte. Ich wollte nie Rentner werden, auch weil ich befürchtet hatte, mit der ungewohnt vielen freien Zeit nichts anfangen zu können. Die Befürchtung hat sich als unbegründet erwiesen.

Muss ich betonen, dass ich lieber gelangweilt gesund als ausgelastet krank wäre?

Aber ich will hier nicht über das Kranksein schreiben, das sich aus der Summe angehäufter Lebensjahre ergeben kann. Das ältere Menschen in den Warteräumen allgemeinpraktizierender Ärzte zusammenführt, die so zu Kommunikations-knotenpunkten werden, wie sie früher in den „Tante-Emma-Läden" an der Ecke zu erleben waren. Nein, es geht weiterhin um die Krankheit COPD, die mich zu meinem Hausarzt, zum Lungenfacharzt oder in die Lungenfachabteilungen von Krankenhäusern führt.

Auch wenn ich mir vorher noch einen „Schreib-umweg" erlaube:

Ich glaube davon ausgehen zu können, dass jeder schon einen Zahnarztbesuch erlebt hat. Dann hat er möglicherweise auch schon die Erfahrung gemacht, mit freiliegenden Nerven im Wartezimmer sitzend aus dem Behandlungszimmer die erschreckendsten Geräusche gehört zu haben. Das sirrende Heulen des Bohrers, den Schmerzenslaut des gequälten Patienten auf dem Behandlungsstuhl oder die rudimentären Wortgebilde, mit denen der Patient sich artikulieren will. Was ihm aber nicht gelingt, weil Bohrer, Absauggerät oder die dicken Finger des Zahnarztes in seinem Mund herumwerkeln und so eine verständliche Aussprache unmöglich machen.

In den Räumen einer pneumologischen Praxis ist weniger Angst anzutreffen. Auch weil Schmerz, anders als beim Zahnarzt, kaum eine Rolle spielt. Aber vor den Behandlungszimmern zu sitzen kann einen auch mit zwar weniger beängstigenden, aber um so mehr verblüffenden Lauten konfrontieren. Es wird mir schwerfallen, das schreibend darzustellen. Mit wie viel „u" schreibt man das Wort „Pusten", um es so aussehen zu lassen, wie es laut und langgedehnt aus dem Behandlungszimmer zu hören ist?

Ich versuche es:

„Und jetzt puuuuuuuusten, puuuuusten, puusten, pussten, pussten!!!!!"

Wenn Sie das jetzt lesen, lesen Sie es bitte ganz laut. Und wiederholen Sie es mehrfach. Dann versuchen Sie sich an: „ Uuund weiteratmen! Weiter, weiter, weiter!! Und jetzt gaaaanz tief einatmen …. Tiefer! Tiiiefer! Und jetzt aaaalles raus. Und puuusten … !!"

Sie merken, der Kreis hat sich geschlossen.

Was passiert hinter den Türen?

Ein Patient sitzt in einer Glaskabine mit medizinischem Gerät. Seine Lippen umschließen ein Mundstück, die Nasenflügel sind mit einer kräftigen Nasenklemme verschlossen. Alles wirkt furchtbar beengend und muss eigentlich Atembeklemmungen hervorrufen. Vielleicht auch deshalb die lauten, anfeuernden Rufe. Es geht nämlich darum, möglichst viel Luft zu bewegen, die dann gemessen wird. So erhält der Pneumologe Auskunft über die Aufnahmekapazität der Lunge, über die Bilanz von Ein- und Ausatmen, über die Kraft, die aufgewendet werden kann, einen Widerstand beim Atmen zu überwinden.

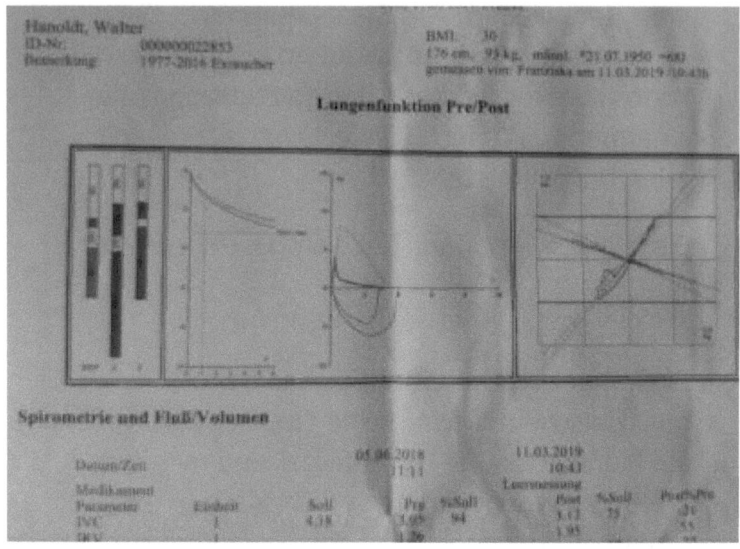

Lungenfunktion Pre/Post

Spirometrie und Fluß/Volumen

Hilfe! Ich brauche wieder die Unterstützung eines Fachmanns, um dieses Messprotokoll zu interpretieren. Der könnte dann auch erklären, wie mit Hilfe der gewonnenen Werte eine Gradeinteilung der Schwere der Erkrankung vorgenommen werden kann.

Das wiederum bestimmt Art und Menge der anzusetzenden Medikamente. Dazu braucht es noch andere, weitere Werte. Und dazu gibt es was auf die Ohren. Beziehungsweise auf die Ohr-läppchen. Eine Salbe, die aber unbedingt nur dort verbleiben sollte und mit keiner anderen Hautpartie, vor allem nicht mit den Augen, in Kontakt kommen darf, weil es ein unsägliches

Brennen hervorrufen würde. Und dann wären Schmerzen im Spiel, die wir eigentlich auf den Zahnarzt beschränkt sehen wollten. Also heißt es, die Hände unter Kontrolle zu halten, sie am besten in die Hosentasche zu stecken.

Die Salbe bereitet die Region auf eine Blutentnahme vor. Ganz ehrlich – ich wusste vorher nicht, dass in meinen Ohrläppchen Blut fließt. Entsprechende Wetten hätte ich verloren. Aber es fließt, besser tropft Blut. Und es ist von solcher Art, dass es Auskunft gibt über bestimmte Blutgaswerte. Es wird auch auf herkömmliche und bekanntere Art und Weise Blut abgenommen. Die Werte aus diesen Proben sind dann für andere Erkenntnisse zuständig.

So. Ich habe gepustet, ich habe geblutet, ich habe

Werte geliefert. Diese Werte werden wiederum andere sein, wenn sie nach einer Belastungs-situation erhoben werden. Dazu muss ich einen Gehtest absolvieren: Ich gehe sechs Minuten lang in einem mir möglichen Tempo, das keine unterbrechende Pause nötig macht, durch die Räume der Praxis. Was bei einer fast ständig überfüllten Praxis gar nicht so einfach ist und eher einem Hindernislauf gleichkommt.

Und der Vergleich aller Werte ergibt neue Werte und ich schreibe schon wieder von Dingen, die ich besser einen Fachmann erklären lassen sollte.

Manchmal gehe ich nicht zum Arzt, sondern der Arzt kommt zu mir.

Es sind die schlimmeren Momente, wenn meine Frau die 112 wählen muss. In solchen Momenten kann ich nicht selber telefonieren, weil eine Exazerbation mich zu sehr im Griff hat. Mit Exazerbation wird die akute, krisenhafte Verschlechterung der ohnehin schon chronisch schlechten Gesundheitssituation bezeichnet. Ich kann mich kaum einen Schritt bewegen und komme weder mit Disziplin noch mit bewusst angewandter Atemtechnik oder der Lippenbremse gegen die schon fast als Todesbedrohung empfundene Atemnot an. Auch meine Notfall-medikamente haben keine Linderung der Symptome gebracht. Niemand, der das nicht schon

erlebt hat, wird sich vorstellen können, mit welch glücklicher Freude ich die sich nähernden Signale der Rettungsfahrzeuge wahrgenommen habe. Wenn meine Atemnot nicht schon so beherrschend war, dass sie mein Hörvermögen zu weit in den Hintergrund rücken ließ.

Gestatten Sie mir, dass ich dieses Forum dazu benutze, über das eigene Erleben hinaus ausführlicher auf die Arbeit von Rettungsdiensten einzugehen. Deren Signale sind ja immer wiederkehrende akustische Begleiterscheinungen des Lebens in einer Stadt wie Potsdam. Ich will mit einem Appell an die Autofahrer beginnen: Lassen

Sie das Wort „Rettungsgasse" ständigen Begleiter sein, wenn Sie unterwegs sind. In Ihrem Kopf, in Ihrem Herzen. Wenn nur eine Minute verloren geht, weil ein Autofahrer gedankenlos und sträflich rücksichtslos einen Rettungswagen behindert – ich habe erlebt, wie quälend lang und leidvoll solch eine Minute sein kann.

Andere haben diese Minute nicht überlebt.

Vielleicht ist es auch notwendig, dass sich jeder Verkehrsteilnehmer gedanklich mehr mit der Arbeit von Rettungskräften befasst. Dass jeder sich auch einmal der Vorstellung hingibt, dass auch das eigene Leben vom Einsatz dieser Rettungskräfte abhängen könnte.

Und von dieser einen Minute.

Die Rettungssanitäter und Rettungsärzte haben es auch verdient, dass die Härte Ihres Berufslebens, der psychische Druck beim Kampf um Leben und Gesundheit und ihr Leiden im Falle eines Misserfolgs mehr in den Fokus der Öffentlichkeit gerückt und damit gewürdigt werden. Noch schöner ist es zu erfahren, welches Glück diese Menschen erleben, wenn es ihnen gelingt, Gesundheit oder gar das Leben anderer zu retten.

Wer mehr aus dem Arbeitsleben von Rettungsmedizinern wissen möchte, dem empfehle ich ein Buch von Dr. Wolfgang Wachs, der viele

Ich musste bisher drei Mal einen Notarzt rufen. Ich bin diesen Männern und Frauen in tiefster Dankbarkeit verbunden. Sie haben mich aus von mir als lebensbedrohlich empfundenen Situationen erlöst. Ich kenne keinen vergleichbaren Moment in meinem Leben, in dem mich das hektisch anmutende Durcheinander von mindestens 5 Personen auf engstem Raum derart beruhigt hätte. Wobei hektisches Durcheinander keine gute Wortwahl ist. Alles folgt einem übergreifenden Plan, jeder kennt und erfüllt seine Aufgaben. Viele Maßnahmen werden – dem Notfall gehorchend – gleichzeitig und parallel durchgeführt, um in einer möglichst kurzen Zeitspanne möglichst umfangreiche Wirkung zu erzielen:

Es werden Blutsauerstoffwerte ermittelt, Blutdruck gemessen, ein EKG gemacht, ein intravenöser Zugang gelegt, über den Medikamente zugeführt werden, Medikamente werden über Injektionen und zusätzlicher Sauerstoff über eine Atemmaske verabreicht. Gleichzeitig muss sich der Rettungs-arzt durch Befragung ein Gesamtbild von der Krankheit und ihrem Verlauf machen, er muss Informationen über einzunehmende Medikamente erlangen (wohl dem, der seinen Medikamentenplan bereitliegen hat) und beruhigend auf den Patienten und die Angehörigen eingehen.

Am Ende muss er entscheiden, ob die Phase der Erholung als ausreichend und dauerhaft betrachtet werden kann oder ob der Patient zur weiteren Behandlung ins Krankenhaus gebracht werden muss. Das war bei mir zwei Mal der Fall und damit war ich dann für jeweils einige Tage – wie in der Kapitelüberschrift – dauerhaft „Beim Arzt". Und auch wenn mir die Gegenwart meiner Familie unendlich wichtiger ist als die von Ärzten, Krankenschwestern und Pflegern, und auch wenn ich lieber zu Hause in meinem Bett als in einem Krankenbett liege – diese Tage sind meist mit Erleichterung und Besserung meines Zustandes verbunden.

Ich unterliege ständiger ärztlicher Kontrolle, mein Blut wird nach Erregern abgeklopft. Wenn sich bedenkliche Entzündungswerte herausstellen, hängt der Tropf mit Antibiotika über mir. Über die Nasenbrille wird mir ständig Sauerstoff zugeführt. Medikamente sind umfangreicher und werden höher dosiert. Und dann steht irgendwann eine Physiotherapeutin an meinem Bett. Und nachdem sie erfragt hat, wie es mir geht, geht es zur Sache: Gymnastikübungen, Atemübungen, Haltungs-übungen. Man hat es alles schon einmal gehört, alles schon einmal gemacht, aber gut, dass es wieder ins Bewusstsein geholt wird. Zu vieles verliert sich in Alltagsroutine oder wird Opfer träger Faulheit. Dem Thema Disziplin habe ich ein ganzes Kapitel gewidmet. Es geht nicht ohne.

An dieser Stelle sollte ich Unwissenden erklären, was die titelgebende „Nasenbrille" ist: Ich schrieb ja schon, dass in solchen Notfallsituationen zusätzlicher Sauerstoff verabreicht wird. Das geschieht über einen dünnen Plastikschlauch, der zwei stöpselartigen Öffnungen aufweist. Diese werden in die Nasenlöcher eingeführt, die Zuleitung wird links und rechts um die Ohren geschlungen. Es ist wie bei In-ear-Kopfhörern, nur dass in diesem Fall die Nase das Zielgebiet ist und die Ohren lediglich haltende Funktion haben. Aber alles ist so gut durchdacht und haltbar, dass es auch eine unruhig verbrachte Nacht übersteht. Und am Morgen des spätestens vierten oder fünften Krankenhaustages habe ich wieder Sauerstoffwerte erreicht, die Ärzte, Krankenschwestern und alle anderen mit mir befassten zufrieden stellen. Auch wenn ich selber noch nicht so zufrieden bin, weil der Weg zum Beispiel zur Toilette immer noch anstrengend ist.

Aber ich habe wieder den Mut auszuprobieren, ob die Kraft für einen Gang heraus aus dem Krankenhaus in die frische Luft der Freiheit reicht. Und auch wenn ich heftig schnaufend in meinen Pantoffeln und karierten Schlafshorts vor dem Gebäude stehe – ich bin draußen. Und dort will ich wieder hin, und dort will ich auch bleiben. Und wenn mir das gelungen ist, habe ich das vor allem den Ärzten und allen anderen Mitarbeitenden des Krankenhauses zu verdanken.

Jetzt wird es ekelig

Kann man lesen, sollte man lesen, muss man nicht

> *Was nutzt mir die Weite des Weltalls, wenn mir die Schuhe zu eng sind?*
> *Armenisches Sprichwort*

Ich hatte im Vorwort versprochen, weder belehren noch abschrecken zu wollen. Ich bin beim Schreiben und nach neuem Erleben (Bronchoskopie mit Materialentnahme) zu anderer Meinung gekommen.

Es kann erschreckend sein, wohin das Rauchen in manchen Fällen führt. Und bitteschön, es kann auch viele ekelige Momente mit sich bringen und wenn sie allein nur ekelig wären, wäre es schon schlimm genug.

Aber sie können auch tödlich sein.

Ich muss diese Momente beschreiben!

Ich will abschrecken!

Kann man lesen, sollte man lesen, muss man nicht. Wer etwas ekelempfindlich aufgestellt ist, sollte dieses Kapitel überspringen. Es richtet sich vor allem an Jugendliche, die erst am Anfang ihres Raucherlebens stehen, bei denen das Rauchen noch keine oder bis hierhin nur leichter behebbare Schäden angerichtet hat. Die am Tag vielleicht nur zehn Zigaretten rauchen, von denen man schneller und leichter wieder wegkommen kann als von 30 oder mehr Zigaretten. Die vielleicht erst fünf Jahre rauchen und nicht schon den längeren Teil ihres Lebens. Sie haben die größere Chance, aus eigener Kraft dem zu entgehen, was ich jetzt erleben muss. Dem, was ich in diesem Kapitel mit allen Mitteln, die mir als Schreibendem zur Verfügung stehen, schildern werde.

Ich weiß, ich habe schon die abschreckende Wirkung der Fotos auf den Tabakprodukten bezweifelt. Ich habe aber auch geschrieben, dass ich jeden Ansatz, Menschen vom Rauchen abzubringen, immer wieder überdenkenswert finde, und dass ich es befürworte, wenn immer wieder neue Wege zu Aufklärung und Abschreckung gesucht werden.

Das hier soll mein Versuch werden.

Und noch einmal zurück zum Vorwort. Ich hatte ja auch die Hoffnung zum Ausdruck gebracht, dass jemand, das hier lesend, auf seinem Weg des Rauchens innehält und darüber nachdenkt, ob er meine Erfahrungen auch machen möchte. Mit diesem Kapitel möchte ich jedes Nachdenken nachdrücklich befördern.

Ich werde von Abhusten, von Auswurf, grünbraunen Schleimklumpen und blasigem, zähem Schleim schreiben. Habe ich alles schon in Mund und Rachen gehabt und bin es selten leicht losgeworden. Niemand sollte wie ich die Erfahrung machen, während eines Gesprächs (ab)husten zu müssen und dann plötzlich vor der Frage zu stehen, wohin jetzt mit dem schleimigen, grünbraunen Klumpen, den ich von den Bronchien in meinen Mundraum befördert habe. Und niemand, der nur einmal diese Erfahrung gemacht hat, sollte so dumm sein wie ich und danach nicht über das Rauchen und seine Folgen nachzudenken.

Wir müssen über die Bronchien reden, der Firewall unseres Atemsystems.

Wichtige Computersysteme werden durch eine Firewall geschützt. Da wird nur die beste gewählt, sie wird gepflegt und immer auf dem aktuellsten Stand gehalten. Raucher überfordern ihre biologische Firewall, die Bronchien, von der ersten Zigarette an.

Das Innere der Bronchien ist mit schleimproduzierenden Zellen ausgestattet, die die mit der Atemluft Richtung Lunge beförderten Schmutzteilchen binden und so von der Lunge fernhalten. Eigentlich hätten sie damit genug zu tun bei der Luft, die von der Menschheit angerichtet ist. Aber nein, Raucher stecken sich runde, längliche Stäbchen in den Mund, verbrennen getrocknete, zerkleinerte Pflanzenteile, die in Papierröllchen gestopft sind, und atmen den Rauch tief in ihre Lungen. Wobei das verbrannte Papier seinen ganz eigenen Anteil am entstehenden Schadstoffgemenge hat.

Das macht ein starker Raucher dann mehr als 30 Mal pro Tag und damit toppt er alles, was unsere im Niedergang befindliche, schadstoffbelastete Umwelt zu bieten hat. Und irgendwann sind unsere Bronchien überlastet. Immer mehr Schadstoffe reichern sich an, die feinen Flimmerhärchen schaffen ihren Abtransport nicht mehr und dann hilft auch kein Abhusten. Die Bronchien sind so beschädigt, dass sie ihre Aufgabe nicht mehr erfüllen können. Dazu kommt, dass sie durch den abgelagerten, kranken Schleim verengt sind und somit vor allem nicht mehr genug und schon gar nicht saubere, weil gefilterte Atemluft zu den Lungen durchlassen. Das führt in logischer

Konsequenz zu Atemnot, und somit setzt sich die Kette der Schädigungen bis in die Lunge fort. Dort entstehen korrespondierende Krankheits-symptome, und am Ende sprechen wir von einer Systemerkrankung.

Ab hier überlasse ich das Feld wieder den Medizinern.

Zurück zu Husten, zu Auswurf und schleimigen Absonderungen.
Es wird zwischen produktivem und unproduktivem Husten unterschieden. Der unproduktive Husten schafft keine Erleichterung. Er findet kein Ende, weil er keine Erlösung findet. Er kann die Bronchien von keinem Klümpchen Schleim befreien. Er ist nur laut und immer wiederkehrend. Es ist der Husten, mit dem ich die Urlauber auf der Insel Kos verärgerte. Ich hoffe, sie wissen, dass uns nur ein Zufall zusammengeführt hat und nicht meine Absicht, einem Durchgang von Urlaubern ihren Urlaub zu vermiesen.
Mit produktivem Husten wäre mir das auch sehr viel nachhaltiger gelungen. Das ist der Husten, der röchelnd aus der Tiefe der Bronchien kommt, dort einen mehr oder minder großen Schleimklumpen löst und in den Mundraum schleudert. Und welche Farbe dieser Schleimklumpen hat, wird man erst erfahren, wenn man eine Möglichkeit gefunden hat, diesen zu entsorgen. Das reicht von gelblich über grüne Nuancen bis zu dunklem, grauem

Braun. Er wird ein klumpiges Zentrum haben mit dem dunkleren Teil der Farben um dann zum Rand hin zu verflachen und zunehmend in flüssigere Bestandteile überzugehen.

Sorry. Aber ich habe es angekündigt. Siehe Kapitelüberschrift.

Und ich schreibe dieses Kapitel für Raucher und vor allem für Jugendliche, die auf dem Wege sind, es zu werden. Und wer das nicht lesen will, will nicht sehen, was auf ihn zukommen kann. Und wer es nicht lesen kann, sollte bedenken, dass er es irgendwann möglicherweise leben muss. Das Problem dabei ist, dass es mit dem Begreifen durch eigenes Erfahren zu spät ist. Je eher Weichen gestellt werden, desto eher können Züge auf sichere Gleise geführt werden, die nicht Krankheit als Endstation haben.
Und denken wir bitte nicht, dass Krankheit auf Grund von Rauchen allein Problem des Rauchenden ist. Nein, Raucher quälen auch andere, unbeteiligte Menschen mit ihrem Husten, dem Qualm, dem Gestank und dem Dreck, den sie tagtäglich produzieren. Und die, die ihnen am nächsten sind, werden mit in die kleineren Kreise gezwungen, die der kranke Raucher nur noch gehen kann. Und die Sorge um den kranken Partner macht auch das Leben des anderen krank. Aber ich bin immer noch nicht am Ende.

Da wäre noch blasiger, weißer Schaum zu beschreiben. Er ist von erstaunlich zäher Konsistenz und füllt schnell den gesamten Mundraum. Wer schon einmal mit Bauschaum hantiert hat, ahnt möglicherweise, was ich gerade zu beschreiben versuche. Diesen Schaum will ich, muss ich loswerden. Und das ist nicht einfach. Ich kann ihn nicht hinunter schlucken. Die Menge und die Konsistenz lassen es nicht zu. Ich müsste mehrmals schlucken. Aber daran hindert mich aufkommender Brechreiz. Auch ausspucken ist keine Option. Ich weiß nicht, was dieser Variante von Speichel eine derartige Konsistenz verleiht, aber ich habe schon Fäden von mehr als einem Meter Länge erlebt, wenn ich über ein Toilettenbecken gebeugt stand. Und auch dann riss dieser Faden nicht auf Grund von Eigengewicht. Ich musste nachhelfen, musste den Schleimfaden mit den Fingern trennen, um danach das Problem zu haben, ihn von meinen Fingern trennen zu müssen.

Und wieder sorry. Und wieder die Bitte: Lest weiter. Und dazu die Versicherung, dass ich mir dies alles hier nicht ausdenke. Ich erlebe es alles und meine Angst ist nur, dass ich es nicht glaubwürdig genug und nicht vorstellbar genug beschreibe.

Ich sprach am Anfang dieses Kapitels von neuem Erleben, das mich veranlasste, doch den Versuch eines abschreckenden Teils in mein Schreiben einzubinden. Ich schreibe dieses Kapitel auf der pneumologischen Abteilung eines Klinikums in Potsdam. Ich bin hier, weil eine Bronchoskopie durchgeführt wurde.

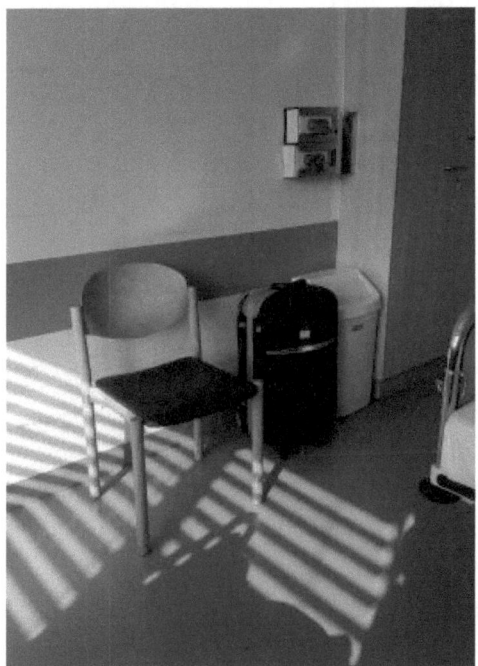

Ankommen? Bleiben? Gehen?

Verdächtige Entwicklungen in der Lunge oder in den Bronchien können mit Hilfe einer Bronchoskopie abgeklärt werden. Dazu werden Sonden über die Luftröhre in die Atemorgane eingeführt, um deren Zustand beurteilen zu können oder mit Hilfe von Materialentnahmen kritisch aufgefallene Stellen besser bewerten zu können. Wem das nicht abschreckend genug klingt, dem sei gesagt, dass der Vorgang an sich auch nicht schwer zu überstehen ist. Es geschieht alles unter Vollnarkose. Das Erwachen aus der Narkose und die folgenden Tage sind dann die schwierigeren. Jeder Patient erlebt es anders, aber bei einer COPD sind die Atemwege nun mal verengt, was das Einführen der Instrumente erschwert. Und mit dem Eindringen der Instrumente in die Atemorgane wird in diesen ein ganz schöner Aufruhr erzeugt. Das äußert sich danach in massiven Schluckbeschwerden, gegen die eine mittelschwere Erkältung und deren Begleiterscheinung Halsschmerz unvergleichbar harmlos sind. Was aber weitaus schlimmer ist, ist der Umstand, dass alle in diesem Kapitel beschriebenen Sekretabsonderungen auf einmal aktiviert sind. Es ist ein unendliches Husten, aber es ist ein produktiver Husten. Das heißt, alle Erscheinungsformen von Schleim werden ans Tageslicht befördert. Nur, dass jetzt auch die Farbe Rot vertreten ist. Natürlich werden bei der Untersuchung auch Gewebeteile verletzt, was zu Blutungen führt, die dann die Erweiterung der Farbpalette zur Folge haben.

Der Husten schmerzt. Wenn man sich zum Schlafen hinlegt, füllt sich der Mund- und Rachenraum schnell mit beschriebenem Schleim, so dass man immer wieder mit gurgelndem Geräusch und Gefühl aus dem gerade begonnenen Schlaf gerissen wird. Dann würgt man und dann ist der Mund voller Flüssigkeiten oder dickeren

Varianten davon, die man nicht bei sich behalten will oder kann.

Es gibt für alles eine Lösung im Krankenhaus. Für diesen Fall hält das Krankenhaus saubere, weiße Plastesäckchen bereit, in die man sich erleichtern kann. Sie haben einen Durchmesser von etwa 15 cm, sind 30 cm lang und haben einen verstärkten Rand, auf dass keinem Patienten etwas aus den Fingern gleitet und so zu noch ekligeren Situationen führt. Von diesen Beuteln habe ich drei gefüllt und ich fürchte, weder ein Foto noch mein Beschreiben können im Ansatz wiedergeben, wie sehr allein der Anblick einer gefüllten Tüte den Griff zur nächsten, noch leeren Tüte erzwingt. Und jetzt stelle man sich vor, im Nachbarbett sitzt ein Patient mit dem gleichen Problem. Ich habe es erlebt. Ich bedaure, dass ich keine Tonsequenz in das Buch einbauen kann. Ich denke, eine Ton-aufnahme aus unserem Krankenzimmer könnte in jeder Raucherentwöhnungstherapie eine wichtige Rolle spielen.

Gut. Das soll jetzt reichen.
Nur, wie beende ich jetzt dieses Kapitel? Der Schluss ist für mich immer wichtig. Ich fasse zusammen, ich löse auf, ich komme zu Erkennt-nissen aus dem Geschriebenen. Ich finde einen humorvollen Ausgang, mit dessen Lachen über zu ernst geratenes hinweggeholfen werden kann.

Hier will ich nichts auflösen. Alles soll wie be- und geschrieben stehen bleiben. Ich möchte, dass der Ekel sich festsetzt. Besser Ekel setzt sich fest als beschriebener Schleim in den Atemwegen.

Momentaufnahme 4
Höflichkeit

Es ist absurd, aber ich erlebe Höflichkeit und Aufmerksamkeit auch als störend und mich überfordernd. Ich meine nicht die Aufmerksamkeit, die sich auf mich als kranken Menschen richtet. Die will ich nur so wenig wie möglich. Die will ich erst dann, wenn ich Hilfe brauche und auch erbitte. Ich meine die Aufmerksamkeit, mit der sich Menschen alltäglich begegnen sollten. Nur wenn ich den Menschen neben mir bemerke, kann ich ihm mit Höflichkeit begegnen. Und wenn nötig auch mit Hilfsbereitschaft.

Ich bin gezwungenermaßen nur sehr langsam unterwegs. Ich bin aber auch nicht in der Lage, egal aus welchem Grund, meine Schritte deutlich zu beschleunigen. Als ich noch berufstätig war, war es lustig zu erleben, wenn bei einer Begegnung im Treppenhaus sich der Gang eines Kollegen beschleunigte, nur weil am oberen Treppenabsatz ein anderer stand, der höflich wartend die Tür aufhielt. Wir nannten es immer den trainierenden Nebeneffekt der Höflichkeit.

Wenn ich mich heute der Eingangstür unseres Wohnhauses nähere, kann es passieren, dass ein anderer Bewohner die Tür zehn Schritte vor mir

erreicht. Dann wird er dort stehen, die Tür weit aufhalten und mir strahlend ob seiner

Freundlichkeit, aber vor allem wartend, entgegen-blicken. Unsere Türen sind so konstruiert, dass sie nur gegen Widerstand zu öffnen sind und somit auch nur schwer offengehalten werden können. Ich weiß also um

den körperlichen Einsatz, den seine Freundlichkeit von ihm fordert. Es hilft aber nichts, ich kann meinen Schritt nicht beschleunigen.

Manchmal hilft ein „Danke! Danke! Geh'n Sie ruhig schon.", und ich bleibe stehen und hole mein Handy aus der Tasche, um einen Grund für meinen Zwischenstopp vortäuschen zu können.

Manchmal bin ich aber auch nur froh, dass die Tür schon offen ist und ich nicht mehr daran zerren muss.

Und dann bin ich vor allem froh, dass Aufmerksamkeit, Freundlichkeit und Höflichkeit noch nicht gänzlich aus der Welt sind.

Neues Riechen

Neulich bin ich in der Nacht aufgewacht. Wir schlafen meist bei geöffnetem Fenster. Von einem unter unserer Wohnung liegenden Balkon war Zigarettenrauch in unser Schlafzimmer gedrungen. Ich denke, vor noch nicht einmal zwei Jahren hätte ich mich wohlig grunzend auf die andere Seite gedreht. Oder ich wäre auf den Balkon gegangen und hätte mitgetan. Heute, nach mehr als achtzehn Monaten ehrlicher, konsequenter Abstinenz, nehme ich Zigarettenrauch ganz anders wahr.

Es ist nicht so, dass ich mich unangenehm berührt und nicht ertragend abwende. Ich bin nicht der militante NeuNichtraucher, der mit brennendem, wie einer Fackel erhobenem Feuerzeug gegen die bösen Geister böser Sucht antritt. Zu gegenwärtig ist noch die Erinnerung an die eigene Unfähigkeit, mit energischem Willen gegen etwas anzugehen, was Vernunft und Verstand schon länger als nicht mehr akzeptabel erkannt hatten. Aber als nicht mehr Mittuender verschieben sich die Sichten, verändert sich die Wahrnehmung. Und indem ich aus den Rauchwolken herausgetreten bin, sie von außen betrachten kann, sehe ich sie ganz anders. Und ich rieche, schmecke und fühle ganz anders. Vielleicht ist es so gar nicht richtig beschrieben. Vielleicht kann ich jetzt erst wieder richtig riechen, schmecken und fühlen? Vielleicht nehme ich heute alles wieder wie vor vierzig Jahren war und habe nur noch nicht begriffen, dass ich dabei bin, mit meinen Sinnen wieder an ihren Ursprung zurückzukehren?

Sehen und Hören sind sicher die wichtigsten menschlichen Wahrnehmungsarten. Riechen spielt meiner Meinung nach eine nicht weniger bedeutende Rolle. Es hat vielleicht seinen Ursprung in den Anfängen der Menschheit, in den Zeiten des Übergangs vom Urmenschen zum Homo sapiens. Im wilden Durchsetzungs- und Überlebenskampf spielten nicht nur Weitblick, Kraft und Keule eine Rolle, sondern auch der Geruchssinn. Tiere wittern heute noch ihre Beute. Oder ihre Witterung treibt sie zu lebensrettender Flucht.

Inzwischen hat der moderne Mensch das Riechen kultiviert. Ganze Industriezweige leben davon, Menschen und ihre Kleidung mit Gerüchen auszustatten. Angefangen mit einem Stück Seife über Deosprays, Duschbad, Badezusätzen bis hin zum Rasierwasser. Die Wahl eines Waschmittels oder Weichspülers wird über den Geruch entschieden. Selbst die Toilettenspülung kann so hergerichtet werden, dass bei Betätigung Düfte das Bad fluten, um so andere, weniger angenehme Düfte zu überdecken.

Wie wichtig das Riechen in der Palette der Sinneswahrnehmungen ist, lässt sich auch an unserer Sprache festmachen: Wir können jemanden nicht riechen. Nicht nur, weil uns seine Nase nicht passt. Jedenfalls wenn es nach unserer Nase geht. Und wenn wir unterwegs sind ohne Plan und ohne sicheres Wissen, wohin uns der Weg führt, dann gehen wir einfach immer der Nase nach. Auch, wenn man dabei auf die Nase fallen kann, so dass man dann die Nase voll hat. Wenn Sie ein feines Näschen haben, riechen Sie den Braten schon – ich will Ihnen etwas unter die Nase reiben: Das mit dem Riechen und die dazu notwendige Nase spielen eine immense Rolle im Dasein der Menschen.

Wir legen Wert auf unser Aussehen. Wir arbeiten daran. Männer gehen ins Fitness-Studio, Frauen machen Diäten und gehen zur Kosmetik. Oder auch ins Fitness-Studio. Die Plätze, die dann im Kosmetiksalon frei sind, werden inzwischen von Männern eingenommen. Auch unsere Bekleidung ist uns ein wichtiges Mittel, Blicke auf uns zu lenken. Und weil das am Ende immer noch nicht reichen könnte, die Umwelt – oder genauer – das jeweils andere Geschlecht auf sich aufmerksam zu machen, empfiehlt sich ein bekannter Duftanbieter mit der Einladung, doch einmal hereinzukommen und herauszufinden, was da noch geht. Und manche Menschen geben sehr viel Geld aus, um sich mit Hilfe namhafter Parfüms mit auffallenden und somit aufmerksamkeits- fördernden Duftwolken zu umgeben.

Man kann sich aber auch mit stinkenden Qualmwolken umgeben. Und das ist am Ende teurer als das teuerste Parfüm. Und bei weitem ungesunder als das Deo unter den Achseln. Und es verändert über die Jahre alle Wahrnehmungen.

Wir schmecken anders, wir riechen anders.

Und wir riechen anders.

Ich habe mich jetzt nicht wiederholt, ich schreibe von zwei verschiedenen Vorgängen. Wir riechen anders kann heißen, wir nehmen Gerüche anders wahr. Einschließlich der Tatsache, dass wir uns an den üblen Geruch des Tabakrauchs und der stinkenden Zigarettenreste gewöhnt haben und sie als normal empfinden. Wir riechen anders kann auch heißen, dass von einem Raucher und seiner Bekleidung andere, unangenehmere Gerüche ausgehen als von nichtrauchenden Menschen. Und auch daran haben wir Raucher uns gewöhnt, weil wir es gar nicht mehr wahrnehmen. Andere Menschen schon, und ich weiß erst heute, was ich diesen Menschen zugemutet habe. Es brauchte nicht lange, schon nach wenigen Wochen ohne Zigarette habe ich einen rauchenden Menschen als solchen wahrgenommen. Wenn heute jemand zu mir in den Fahrstuhl tritt, kann ich riechen, dass er ein Raucher ist. Wenn ich auf irgendeiner Etage des Hauses einen freundlichen Nachbarn aufsuche, weil der ein Paket für uns in Empfang genommen hat, erfahre ich auch, ob auf dieser Etage jemand wohnt, der raucht. Und das Begreifen, dass ich selber so wahrgenommen wurde, ohne dass ich für meine Person dieses Empfinden hatte, macht mich heute betroffen.

Ich erinnere mich an eine Begebenheit während eines längeren Krankenhausaufenthalts. Man begreift ja solche in den normalen Alltag eingreifenden Ereignisse auch als Chance, mit unliebsamen Gewohnheiten zu brechen. Und wenn der Grund des Krankenhausaufenthalts das noch unterstützt, weil er einem das Rauchen unmöglich macht oder zumindest erheblich erschwert, kann es schon zu längeren Zeiträumen ungewollter Abstinenz kommen, die dann selbst nach einer relativ kurzen Zeitspanne eine Veränderung der (Sinnes)wahrnehmungen bewirken. Und irgendwann fiel mir ein unangenehmer Geruch auf, wenn ich etwas aus meinem Schrank holen wollte. Bis ich begriff, dass es der Geruch abgestandenen Zigarettenrauchs war, der all meinen Kleidungsstücken anhaftete, die in diesem Schrank untergebracht waren. Heute verstehe ich auch meine Schwiegermutter Ingelore, die immer möchte, dass wir Jacken und Mäntel nicht zu ihren Sachen an die Garderobe hängen, sondern an andere, weiter entfernte Garderobenhaken.

Was also ist das neue Riechen, das zur Überschrift dieses Kapitels wurde? Es ist ja nicht eigentlich neu, es ist das normale Riechen, von dem ich mich im Laufe meines Raucherlebens immer weiter entfernt habe.

Ich las einmal davon, dass wir auf Grund der Beschaffenheit und des Aufbaus unserer Augen nach den Gesetzen der Optik eigentlich alle Dinge auf den Kopf gestellt sehen müssten. Da das aber nicht sein kann, bildet unser Gehirn die Dinge anders herum ab. Wenn wir jetzt
– ich weiß nicht wie lange – auf den Händen durch die Welt liefen, würde unser Gehirn den so entstehenden nicht brauchbaren Blick auf die Welt wieder korrigieren und die Dinge wieder auf die Füße stellen.
Genauso verhält es sich mit dem durch das Rauchen verdrehten Geruchssinn. Durch die Gewöhnung wird der eigentlich üble, abstoßende Geruch zum als normal empfundenen, jedenfalls für den Raucher. Der nicht mehr beurteilen kann, was tatsächlich normaler Geruch ist, weil die Rauchwolken, mit denen er sich ständig umgibt, seine alltägliche und damit für ihn normale Geruchswelt sind. Und man mag es unfair nennen, dass sich der Raucher in beiden Welten bewegen kann, in der rauchfreien und in der verqualmten. Wogegen sich der Nichtrauchende, wo es nur geht, von verqualmten Räumen fernhalten wird, weil sie ihm nicht erträglich sind. Ich begrüße es, dass in den letzten Jahren von Gesetzen gestützte Einschränkungen für Raucher auf den Weg

gebracht wurden. Ich habe diese Einschränkungen schon gut geheißen, als ich selber noch rauchte. Wenn ich mit Uwe ein Spiel der Fußball-Championsleague sehen will, gehen wir in ein Lokal, dass neben der Übertragung durch entsprechende, daran verdienende Sender auch einen Raucherraum anbietet. Natürlich habe ich mit Uwe, der Nichtraucher ist, im Nichtraucher-bereich gesessen. Nur manchmal bin ich für eine Zigarette in den Raucherbereich gegangen. Ich hatte kein Problem damit, wieder in den Nichtraucherbereich zurückzukehren. Anders herum wäre Uwe das sehr viel schwerer gefallen.

Aber warum schreibe ich das??
Im Moment lässt das gerade die Schlussfolgerung zu, dass ein Raucher besser dran ist, weil er in beiden Welten klarkommt. Das kann nicht die Absicht meines Schreibens sein.
Ich erinnere mich daran, dass ich, im Nichtraucherbereich sitzend, sehr wohl wahrnahm, wenn sich die Tür zum Raucherbereich öffnete. Egal, ob als unangenehm störend empfunden oder als angenehm lockend, wie viel intensiver muss ein Nichtraucher diesen Moment erleben? Und das ist Teil meines „neuen Riechens", begriffen zu haben, was ich den nichtrauchenden Menschen angetan habe.

Auto und Rauchen im Auto ist ja auch mehrmals

Thema meines Schreibens. Ein Auto als Nichtraucherauto anbieten zu können, ist ja unbedingt verkaufsfördernd. Wenn es also soweit war, dass ich ein Auto verkaufen wollte, habe ich das Rauchen darin eingestellt. Ich habe aufgeschnittene Äpfel, Schüsseln mit Kaffeepulver und Duftspender im Auto untergebracht. Darüber hinaus habe ich das Auto einer gründlichsten Reinigung unterzogen. Polster, Verkleidungen und Himmel erlebten eine intensive Bearbeitung mit duftintensiven Reinigungsmitteln.

Der erste Kaufinteressent hat die Autotür geöffnet, sich nicht einmal hineingesetzt, sondern sofort bemerkt: In dem Auto wurde aber geraucht.

Als Raucher kann man keinen Nichtraucher täuschen. Umgekehrt wäre es leichter. Aber welchen Grund könnte es geben, dass ein Nichtraucher einen Raucher täuscht?

Das alles ist mir erst wieder bewusst geworden, seit sich mein eigenes Riechen wieder verändert hat.

Der Vollständigkeit halber muss aber auch gesagt werden, dass es auch unangenehme Folgen dieses neuen Riechens gibt. Auch wenn diese vor allem in der Kombination mit den Begleiterscheinungen der Krankheit COPD auftreten. Ich meide bei IKEA die Kerzenabteilung. Eine Duftkerze löst bei mir eine kaum erträgliche Reizung der Atemwege aus.

Wenn es bei uns zu Hause einen Braten gibt, freue
ich mich auf das Essen. Aber der Weg dorthin, also
das Braten, die Zubereitung, die Bratdünste, die
die Wohnung füllen, werden für mich zunehmend
unangenehm. Eine ausgeblasene Kerze, Parfüms,
Deos im Fahrstuhl, können mich dazu bringen, den
Raum verlassen zu müssen. Was im Fahrstuhl
wenig möglich ist.

Das alles habe ich mir mit meinem
jahrzehntelangen Rauchen eingehandelt.
Ein Nichtraucher kann es genießen, wenn
Bratendüfte den Raum erfüllen. Einem COPD-
Geschädigten können Bratendüfte zusetzen.
Zum Glück schmeckt es mir trotzdem noch.
Aber es fehlt etwas. Sie wissen schon:

Die Nase isst mit.

Luftig

Was ist das eigentlich, was ich nicht ausreichend bekomme, wovon ich zu oft zu wenig zu mir nehmen kann? Weil meine Lunge durch ihre Überblähung nicht mehr genügend aufnehmen beziehungsweise verarbeiten kann? Wovon erst gar nicht genug in der Lunge ankommt, weil die Atemwege verengt sind?

Was also ist das eigentlich, Luft?

Sie ist rings um uns herum und füllt den Raum zwischen den Dingen. Man sieht sie nicht, man riecht sie nicht, man spürt sie nicht. Normalerweise. Wenn sie nicht in Bewegung gesetzt wird, weil eine Wetterlage mit einem bestimmten Gemenge von verschiedenen Luftmassen an ihr zerrt. Dann wird sie zu Wind, zu einem Sturm oder, schlimmer noch, zu einem Orkan. Sie kann Segelschiffe über das Wasser bewegen oder Plastetüten über die Straße treiben. Früher wurden durch den Wind Mühlenräder angetrieben, die Korn zu Mehl zerrieben. Heute werden die Flügel großer Windräder bewegt, um so die Kraft der als Wind bewegten Luft in elektrische Energie umzuwandeln.

Luft sieht man nicht?

Das mag vor einigen hundert Jahren gestimmt haben. Als wir Menschen noch keine Abgase oder Feinstaub freigesetzt haben. Oder all den anderen gasförmigen Müll, den man nicht in getrennten Müllbehältern entsorgen kann. Den wir also unbeschwert in die Luft entweichen ließen und bis heute entweichen lassen, auch wenn es nicht mehr so uneingeschränkt geschieht wie noch vor einiger Zeit.

Da ich das schreibe, drängt sich mir ein Vergleich auf: Es ist wie mit der Krankheit COPD. Ihr Entstehen wird vom Betroffenen zu wenig beachtet. Erst wenn sie sich zum nicht mehr zu ignorierenden Faktor entwickelt hat, schenken wir ihr Beachtung und kümmern uns um sie. Nur dass es dann meist zu spät ist. Die Krankheit, die wir dem Patienten Luft aufgezwungen haben, bedingt am Ende den Klimawandel. Auch von dieser Krankheit wissen wir schon seit längerer Zeit ohne uns mit der nötigen Aufmerksamkeit um den Patienten zu kümmern. Nur dass der Klimawandel die gesamte Menschheit bedroht. COPD bedroht nur den einzelnen. Auch wenn es immer mehr einzelne werden.

Luft sieht man nicht?

Sagen Sie das zum Beispiel einmal den Menschen in Peking. Die sich mit einer Atemmaske vor der Luft schützen, die sie angerichtet haben. Die sich an manchen Tagen durch diese Luft nicht einmal richtig sehen können. Der Nebel britischer Krimis ist von Autoren gewollt. Er verbirgt Täter und erschwert Sherlock Holmes & Co den klaren und somit klärenden Blick auf die Dinge. Aber aus dem Englischen kommt auch der Begriff „Smog", der aus den Anfängen des 20. Jahrhunderts stammt und in meinen Augen eine erste Artikulation der Probleme ist, die heute Umweltverschmutzung und Klimawandel heißen. „Smog" ist eine Kombination der englischen Wörter „Smoke" (Rauch) und „Fog" (Nebel). Nebel bildet sich bei bestimmten Wetterkonstellationen, bei denen die Konzentration von Wasser in der Luft so groß wird, dass das Wasser sichtbar wird und damit die Durchsichtigkeit der Luft einschränkt. Soweit ist alles noch natürlich und wenig beunruhigend. Außer für Autofahrer. Jetzt gesellt sich aber noch die vom Menschen produzierte Komponente Rauch dazu. Ob aus dem Fabrikschornstein, dem Auspuff von Autos oder von verschiedensten Heizungssystemen. Und erst jetzt, durch das Dazutun der Menschen, wird aus der allgegenwärtigen und lebensnotwendigen Luft etwas Bedrohliches. Wovor sich die Menschen in den Straßen Pekings mit Atemmasken schützen. Das Paradoxe daran ist, dass sie sich vor etwas schützen, ohne das sie gar nicht existieren könnten. Kein Lebewesen auf unserem Planeten kann ohne Luft und dem darin

enthaltenen Sauerstoff leben. Selbst ein Fisch unter Wasser filtert mit seinen Kiemen den

Sauerstoff aus dem Wasser, das er ständig durch seine Kiemen spült.

Bisher habe ich nur allgemein von Luft geredet. Wir müssen sie einmal vom physikalischen Standpunkt aus betrachten. Luft ist ein Gemisch verschiedener Gase. Den größten Anteil an diesem Gemisch, etwa vier Fünftel, nimmt Stickstoff ein. Er ist nicht wichtig für unser Atmen, wir werden nicht ersticken, wenn wir keinen Stickstoff zur Verfügung haben

(Unnötiges Wortspiel. Manchmal verselbstständigt sich Schreiben und begnügt sich mit selbstgefälliger Wortspielerei. Aber ganz ehrlich? Manchmal macht gerade das Spaß beim Schreiben).

Es ist das andere Fünftel, das von entscheidender Bedeutung ist. Der Sauerstoff. Wir nehmen ihn mit der Atemluft auf, in der Lunge wird er herausgefiltert und in das Blut des Lungenkreislaufes aufgenommen um dann in die Gewebe transportiert werden zu können. Dort wird er in Stoffwechselvorgängen verbraucht, dabei entsteht Kohlendioxid, das gemeinsam mit dem eingeatmeten Stickstoff über die Lunge wieder ausgeatmet wird.

Also wir Menschen auch. Nicht nur die Autos und die Kühe.

Es wird zwischen der natürlichen CO_2-Emission

und der unnatürlichen unterschieden. Unser Ausatmen und das Ungeniertsein der Kühe werden der natürlichen CO_2-Emission zugerechnet. Auf diese Art der Emission haben wir nur wenig Einfluss. Da, wo wir Einfluss nehmen könnten, tun wir es immer noch zu wenig. Aber ich will kein Buch über Umweltproblematik schreiben. Lassen Sie mich beim Rauchen und seinen Folgen bleiben. Ich kann trotzdem beide Themen miteinander verbinden.

Ich habe mich als Raucher immer gefragt, warum das Rauchen nur so wenig als schädlicher Umweltfaktor betrachtet wird. Erst in jüngerer Zeit werden vor allem die Zigarettenkippen als umweltschädigend dargestellt. Was ist mit dem Rauch, der von Milliarden Zigaretten weltweit aufsteigt? Ich war mal in einem Fußballstadion, in dem zur Abendstunde ein Spiel unter Flutlicht ausgetragen wurde. Über dem Oval des Stadion stand eine durch das Flutlicht spektakulär hervorgehobene Rauchsäule. Auch ich hatte meinen Teil dazu getan. Als Mittäter habe ich mir alle Gedanken dazu verkniffen, sie schon gar nicht laut artikuliert. Wozu schlafende Hunde wecken?

Heute beschäftige ich mich mehr mit dem Thema. Es reicht mir nicht allein zu wissen und zu erfahren, was das Rauchen mit mir und meiner Gesundheit angerichtet hat. Nach weiterführenden Recherchen stelle ich erschreckt fest, dass

Tabakrauch weitgreifenderen Schaden anrichtet als nur in der Lunge der Rauchenden. Es gibt Schätzungen, nach denen weltweit etwa 1,7 Milliarden Menschen rauchen. In dieser Schätzung werden noch nicht diejenigen enthalten sein, die sich ihren Tabak vom Acker hinter dem Haus und nicht in einem Supermarkt oder von einem Zigarettenautomaten holen. 1,7 Milliarden Rauchende! Im erwähnten Stadion waren nur 40 000 Zuschauer. Trotzdem stand die Rauchsäule wie ein Mahnmal über dem Spiel. Laut dem *Tobacco Atlas* wurden 2014 weltweit 5,8 Billionen Zigaretten geraucht. Wer wöllte angesichts solcher Zahlen die Wahrscheinlichkeit kleinreden, dass Rauchen ein erheblicher umweltschädigender Faktor ist?

Auf der Internetseite TELEPOLIS, einem Angebot von heise online, fand ich einen Artikel von Florian Rötzer vom 9. Oktober 2018 mit der Überschrift

„Rauchen schadet nicht nur der Gesundheit, sondern auch der Umwelt"

Ich hoffe, ich verletze trotz ausführlicher Quellenangaben keine Autorenrechte, wenn ich Teile des Artikels hier wiedergebe:

.... die Lust am Nikotin mit seinen Emissionen belastet auch den Planeten, rechnet eine Studie von Wissenschaftlern des Imperial College

London vor, die anlässlich eines Treffens zum Abkommen über Tabakkontrolle der WHO in der Zeitschrift Environmental Science&Technology veröffentlicht wurde. .....

Die präsentierten Zahlen sind in der Tat drastisch. 2014 wurden 6 Billionen Zigaretten in 500 Fabriken hergestellt. Sie produzierten 6,48 Megatonnen getrockneten Tabak und 32,4 Megatonnen grüne Tabakblätter. Für den Anbau und die Herstellung wurden 2200 Megatonnen Wasser, 5,3 Millionen Hektar an Anbaufläche, 62,2 Gigajoules Energie und 27,2 Megatonnen Material verwendet. Neben den Zigaretten entstanden 25 Megatonnen feste Abfälle, 55 Megatonnen Abwasser und 84 Megatonnen CO_2-Emissionen.
Für eine Zigarette werden 3,7 Liter Wasser und an fossilen Treibstoffen 3,5 Gramm Öläquivalent verbraucht, zur Klimaerwärmung tragen 14 Gramm CO_2-Äquivalent bei. Das Trocknen der Tabakblätter ist energieintensiv, meist wird dazu Kohle oder Holz verbrannt. Und ein Raucher, der 50 Jahre lang täglich 20 Zigaretten raucht, soll für den Verbrauch von 1,4 Millionen Liter Wasser verantwortlich sein. ....

Mir drängt sich die Frage auf, warum solche Fakten und Zahlen nur so wenig in der Öffentlichkeit kommuniziert werden. Welche oder wessen Interessen könnten hier in Gefahr sein?

In diesem Buch wollte ich nur Erlebtes darstellen. Ich habe immer wieder herausgestellt, dass ich nicht mit medizinischem Fachwissen dienen kann. In diesem Kapitel „glänze" ich mit physikalischem, biologischem und umweltbezogenem Wissen. Bitte verlassen Sie sich nicht auf die Korrektheit meines Geschriebenen. Es ist das, was mein Interesse an Erkenntnissen aus den Informationsquellen der digitalen Welt herausgefiltert hat. Die Möglichkeit hat jeder von uns. Jeder kann über den Rand seines Aschenbechers hinausblicken. Jeder kann sich Gedanken darüber machen, dass es mit dem Ausdrücken der eigenen Zigarette nicht getan ist. Noch einmal zurück zum Ausgangspunkt, der kapitelüberschriftgebenden Luft. Ohne die wir nicht existieren könnten. Die zu einem Gleichnis für Notwendigkeit geworden ist (Ich brauche etwas wie die Luft zum Atmen). Die wir noch nach oben haben können. Die als dicke Luft zwischenmenschliche Beziehungen belasten kann. Die aber auch dünn werden kann. In die man Löcher starren kann. In der etwas liegen kann.
Sie merken schon, Luft ist nicht nur als gasförmiger Körper um uns herum, sie hat sich auch in unserer alltäglichen Sprache etabliert. Und wenn jemand zu Ihnen sagt, dass Sie ab heute Luft für ihn seien, dann nehmen Sie es als das, was es nur sein kann – ein Kompliment, eine Liebeserklärung. Hat er Ihnen doch gerade gesagt, dass er ohne Sie nicht leben kann.

Randnotizen

Vorab:
Manchmal habe ich Sätze im Kopf oder
Gedankensplitter, die passen nicht in ein Kapitel.
Oder sie sind nicht groß genug, um ein eigenes
Kapitel zu werden. Aber ich finde sie trotzdem so
gut oder wichtig, dass ich sie nicht wegwerfen
möchte. Also fädele ich sie einfach aneinander,
wähle als Überschrift „Randnotizen" und so werden
sie gemeinsam zu einem Kapitel.
Manche finde ich gut, manche lustig, manche klug.
Manche werden nach dem dritten Lesen doof und
andere sollten wieder rausgenommen werden.
Mache ich aber nicht.

Rauchzeichen waren die ersten Nachrichten, die übermittelt wurden.

Ich hab sie leider erst zu spät verstanden.

„Eine rauchen wir noch!", ist wahrscheinlich der dümmste und am wenigsten ernst gemeinte Satz in meinem Leben.

Eine Operation in einem Krankenhaus ist ein einschneidendes Erlebnis.
In jedem Fall.

Nach dem Ausdrücken ist vor dem Anzünden.

Am Ende sind wir alle

Nichtraucher.

Eine E-Mail ist wie ein Brief, bei dem man nicht auf den Briefträger warten muss.

Warum schreibe ich das?
Weil ich vermehrt auf dieses
Kommunikationsmittel zurückgreife. Weil meine
sich ständig verschlechternde Feinmotorik
Handschrift immer mehr als
Kommunikationsmittel ausscheiden lässt.
(Aber die kleinen Tasten muss man auch erst
einmal treffen. Und dann noch in der richtigen
Reihenfolge.)

Man sagt, er wäre ein **starker Raucher**.
Es gibt keine starken Raucher. Sie sind genauso
schwach wie alle anderen.

Ein **Notarzt** kommt immer wie gerufen.

Ich habe es entgegen den Rat meines Arztes bis unter die Platane des **Hippokrates** auf der griechischen Insel Kos geschafft. Und die Blätter des Baumes raunten mir zu:

Das hast du gut gemacht.

Ich bin ein glücklicher Weinliebhaber.
Ich komme vom Arzt mit schlechten Nachrichten. Wer wagt es dann, seine Stimme zu erheben, wenn ich mir schon vor zwölf Uhr mittags ein erstes Glas Wein eingieße?

Wie doof kann man sein?
Meine Eltern hätten mich prügeln können – ich wäre trotzdem diesen Weg gegangen. Macht euch also keine Vorwürfe.

Einst sah ich in einem Dokumentarfilm, wie ein Blutegel seine Saugkraft verlor. Er krümmte sich kurz und fiel dann ab vom Arm eines Mannes, nur weil der sich eine Zigarette angezündet hatte. So schnell war der Mann das lästige Tier los.
Warum musste ich dann erst **438 612 Stück** von diesen Dingern rauchen, bis ich dieses lästige Laster loswurde?

Ich dachte immer, dass man in Flugzeugen nicht mehr rauchen darf. Aber wenn ich die ganzen Streifen am Himmel sehe …..
(Sorry, Sebastian Pufpaff. Aber das fiel mir schon auf und ein, bevor ich deine CD gehört habe.)

Wie kann ein erwachsener und hinreichend kluger Mann Abkürzungen wie **Schluzi** oder **Schluschlu** kreieren? Wäre es nicht weitaus klüger gewesen, den Balkon ohne Schlusszigarette und Schlussschluck zu verlassen?

Wer so **dumm** ist zu **rauchen**, dem kann man auch weismachen, dass es eine Tabaksteuererhöhung zur Bekämpfung der Terrorgefahr braucht.

Ich habe viel zu oft **aufgehört**. An manchen Tagen mehr als **30 mal**. Dabei hätte es schon gereicht, **es einmal**, aber dann **richtig** zu machen.

Sinnlose Erkenntnis:
Ich habe in meinem Leben wahrscheinlich mehr als **15 330 Schachteln Zigaretten** geraucht. Das entspricht etwa **92 000 €**, wenn man den heutigen Preis zugrunde legt. Aber die waren ja Gott sei Dank nicht immer so teuer.

Wenn man mit einem Bein schon in der Grube steht, sollte es wenigstens kein **Raucherbein** sein.

Wer will den Menschen vorwerfen, sie gingen sträflich mit ihrer **Umwelt** um? Viele gehen doch schon mit sich selbst sträflich um.

Mein **Wille** war lange zu **schwach**, um mit dem Rauchen aufzuhören. Aber für den Kampf gegen die Wirkung von **Hypnose** hat es immer gereicht.

Der Menschliche Körper ist schon **komisch**. Erst lässt er sich in die **Abhängigkeit** zwingen und dann kann er damit nicht umgehen.

Bitte an die Ärzte

„Ich guck noch mal in Ihre Akte.“

Kein anderer Satz aus dem Munde eines Arztes hat
mich je mehr aus der Fassung gebracht als dieser.
In diesem Satz fokussiert sich meiner Meinung
nach wie unter einem Brennglas eine Entwicklung
in unserem Gesundheitssystem, die Krankheiten
immer mehr zu einem Verwaltungsakt werden
lassen und die die Distanz zwischen Arzt und
Patient immer größer werden lässt.

> *Man soll vor allem Mensch sein,*
> *und dann erst Arzt*
> *Voltaire (1694 – 1778)*

Zu meinem Satz gehört natürlich eine Geschichte.
Es ist allein meine Geschichte, aber ich weiß aus
Gesprächen und Beobachtungen, dass meine
Erfahrungen und meine Eindrücke auch von
anderen Patienten geteilt werden. Ob sie nun
Patienten in einem Krankenhaus, bei einem
Facharzt oder bei ihrem Hausarzt sind. Wobei die
Größe der Einrichtung schon eine Rolle spielt. Je
größer die medizinische Einrichtung, desto größer
werden auch Entfernungen. Nicht nur die zwischen

den vom Patienten aufzusuchenden untersuchenden Abteilungen, sondern auch die Distanz vom Behandelnden zum Kranken.
Zur Geschichte, die sich im Sommer 2018 zutrug.

Ich erlitt als Motorrollerfahrer einen Verkehrsunfall. Ein Unfall selbst muss gar nicht so ein schlimmes Ereignis sein, wenn man ein Schädelhirntrauma mit einer retrograden Amnesie kombiniert. In meinem Fall bedeutete das, dass ich mit dem Aufprall, der mehr Schreck als Schmerz war, in ein schwarzes Loch fiel, aus dem ich erst knapp drei Stunden später auf der Rettungsstelle eines Krankenhauses wieder herausfand. Was in der Zwischenzeit mit mir passierte, ist mir bis heute nicht erinnerlich. Das Unfallgeschehen auf der Straße, die Fahrt im Rettungswagen ins Krankenhaus, Untersuchungen, die auf der Rettungsstelle vorgenommen wurden – alles ist in diesem schwarzen Loch verborgen, zu dem ich bis heute keinen Zugang habe. Jedenfalls wurde ich zur weiteren Beobachtung stationär aufgenommen. Auch wenn bei ersten Unter-suchungen in der Notaufnahme angeblich keine ernsthaften Verletzungen festgestellt worden waren.

Ich will die Kurzvariante dieser Geschichte erzählen:

Ich habe drei Tage auf der Station der Unfallchirurgie zugebracht. Ich habe drei Tage über heftigste Schmerzen in der linken

Körperhälfte, vor allem in der Schulter geklagt. Drei Tage lang wurden meine Klagen mit der Bemerkung abgewiesen, dass alles untersucht und nichts festgestellt worden sei. Prellungen seien nun mal schmerzhaft. Niemand auf der Station hat meine Schulter untersucht. Außer mir. Ich habe gespürt, ich habe ertastet, ich habe im Spiegel erkennen können, dass mit dieser Schulter etwas nicht in Ordnung ist. Die übergroßen Schmerzen haben ihren Teil dazu getan, mich davon zu überzeugen. Aber es gelang mir nicht, auch einen Arzt davon zu überzeugen. Ich brachte niemanden dazu, mich und meine Schulter zu untersuchen. Man hatte ja meine Krankenakte. Und was da nicht drin stand, konnte offenbar auch nicht sein.

Am dritten Tag wurde mir sehr früh schon durch eine Krankenschwester mitgeteilt, dass ich packen und nach Hause könne. Ein Arztbrief würde mir per Post folgen.

Ich protestierte und verlangte nach einem Arzt. Es dauerte auch nicht lange, und der Verlangte baute sich am Fußende meines Krankenbettes auf. Ist jemandem schon einmal aufgefallen, dass Ärzte sich überwiegend am Fußende eines Kranken-bettes aufhalten? Auch wenn der Patient gar nichts mit den Füßen hat? Als wäre das Ende des Bettes der Anfang einer Zone, die Ärzte nicht betreten können oder wollen. Auch hier Distanz, wie ich sie eingangs des Kapitels schon erwähnte.

Unser Gespräch war dann eine Wiederholung aller schulterbezogenen Kommunikation der letzten drei Tage: „Da ist nichts, alles ist untersucht worden, Prellungen tun weh."

Kein Blick auf die Schulter, kein In- Augenschein - nehmen, kein Tasten, kein Prüfen, keine Funktionsbeurteilung. Aber dazu hätte er auch die Distanz vom Fußende meines Bettes zum Kopfende überwinden müssen. Und dann folgte der Satz, der diesem Kapitel voransteht.

„Ich guck noch mal in Ihre Akte."

Ich lag doch vor ihm! Meine Schulter war in Reichweite! Ich hatte mit dem einen Arm, der mir uneingeschränkt zur Verfügung stand, vorher noch geduscht. Er hätte mich ohne weiteres anfassen können.
Er zog einen Computer vor, er zog es vor, einen Blick in eine Akte zu werfen. Ohne vorher einen Blick auf meine Schulter geworfen zu haben.
Um die Geschichte abzuschließen: Es stellte sich heraus, dass die Schulter nicht geröntgt worden war. Als man es nachholte, stelle sich eine Sprengung der Schulterkapsel heraus, die operiert werden musste. Aber das ist es nicht, was mich bis heute nicht zur Ruhe kommen lässt. Es ist die Tatsache, dass sich ein Arzt eher einer Akte als einem Patienten zuwendet. Dass er seinen Tastsinn nicht auf einen Menschen verwendet, sondern auf die Tasten einer Computertastatur.

Um den Bogen bis in die Gegenwart und damit zur Erkrankung COPD zu spannen – auch hier erlebe ich immer wieder, dass sich ein Computer als beständig größer werdendes Monstrum zwischen Arzt und Patienten drängt. Bei einer kürzlich erfolgten ausführlichen und aufklärenden Untersuchung in Vorbereitung auf eine stationäre Aufnahme habe ich bewusst darauf geachtet und konnte so beobachten, dass sich der mit mir befasste Arzt weit mehr als die Hälfte der Zeit mit dem Computer befasste, statt mir zugewandt zu sein.

Ich bin überzeugt, dass keiner der Ärzte von persönlicher, übergroßer Technikaffinität getrieben wird. Er wird Zwängen gehorchen, die sich aus einer immer größer werdenden „Verwirtschaftlichung" eines Krankenhausbetriebes ergeben. Er wird aber auch die Chance nutzen, die moderne Informationstechnologie bietet. Die Vernetzung der zusammenarbeitenden Abteilungen und der durch Computertechnik ermöglichte schnellere Informationsfluss sind Chancen, einen Patienten schneller und effektiver zu behandeln.

Aber bitte lassen Sie den Patienten Mensch bleiben. Reduzieren Sie ihn nicht auf eine Patientennummer und eine Datenmenge, die von Computer zu Computer durch die Vernetzungssträng eines Krankenhauses verschoben werden.

Wenn ich ein Krankenhaus betrete, weil ich stationär aufgenommen werden soll, muss ich zuerst zur Aufnahme. Dort steht ein Computer. Und noch ehe ich das Krankenhaus richtig betreten habe, bin ich in digitalisierter Form schon in allen Abteilungen angekommen, die später mit mir beschäftigt sein werden.

Ja, das ist toll! Ja, das ist effektiv! Ja, das verunsichert mich in meinem Empfinden, ein Mensch mit einer Krankheit, mit Schmerzen, mit Ängsten zu sein. Als ich auf der Station ankomme, werde ich gefragt, ob ich vorher noch einen Kaffee getrunken hätte. Weil ich doch schon vor 25 Minuten die Aufnahme des Krankenhauses verlassen hätte, aber jetzt erst auf der Station auftauche.

Ich trage dann schon ein weißes Plastikbändchen an meinem Handgelenk. Und was im ersten Moment freudige Erinnerung an den letzten All-Inclusive-Urlaub wachruft, wird später zu einem Rätsel. Auf diesem Plastikbändchen steht in seltsam kryptischer Verkürzung mein Name, ein „m" als Ausweis dafür, dass ich männlich bin, mein Geburtsdatum und der Name des Krankenhauses. Dazu ein Strichcode, dessen Informationsgehalt sich mir nicht erschließt. Aber nicht er ist das Rätsel für mich, sondern die Tatsache, dass ich noch nie erlebt habe, dass dieses Plastikbändchen irgendeine Rolle gespielt hätte. Vielleicht im

Moment meiner Unfähigkeit, selber Auskunft zu geben? Wenn ich narkotisiert auf dem Operationstisch liege?

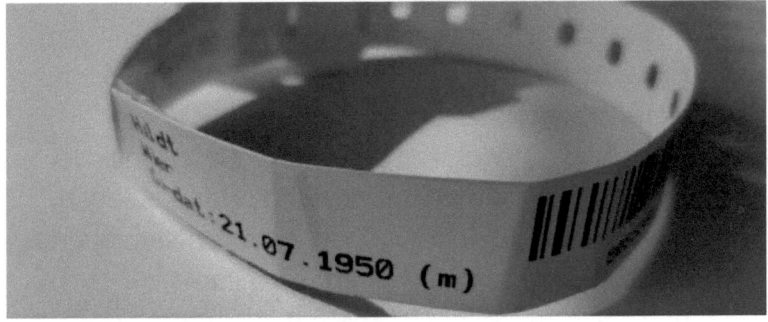

„Wie heißt denn der Patient? Hm, kann man gar nicht aussprechen. Ist es überhaupt ein Patient, oder gar eine Patientin? Nein, hier steht's. Ein „m". In welchem Krankenhaus wird er eigentlich behandelt? Steht auch hier…. Ha! Bei uns!"

Zugegeben, ich habe meine Unkenntnis gerade dazu benutzt, mich lustig zu machen. Ich verspreche, bei nächster Gelegenheit nachzufragen. Und dann will ich auch wissen, welche Informationen sich hinter dem Strichcode verbergen.

Aber Sie, liebe Ärztinnen und Ärzte bitte ich, mehr den Menschen im Blick zu haben, der vor Ihnen sitzt. Mehr als den Computer, der vor Ihnen steht. Auch wenn es notwendig ist, den Computer zu verwenden. Auch wenn es Vorteile bringt, ihn zum mitbehandelnden Instrumentarium zu machen.

Auch wenn Sie gar nicht drum herum kommen.
Aber befassen Sie sich auch mit dem Menschen.
Fassen Sie den Menschen auch an. Auch wenn es
für Sie oder Ihre Diagnose vielleicht nicht einmal
notwendig ist. Aber mit dieser Form der
Hinwendung, mit einer Berührung, beginnt für
viele Patienten schon die Therapie.
Das Handauflegen hat sich in der Geschichte der
Medizin nicht unbedingt bewährt. Hand anlegen,
auf einen Patienten zugehen, sein Problem auch zu
ertasten und so zu erfühlen, wird immer
unverzichtbar sein. Goethe hat in seinem Erlkönig
nicht an Ärzte gedacht, als er schrieb:
„Mein Vater, mein Vater, jetzt fasst er mich an,
Erlkönig hat mir ein Leid getan."

Noch ein Beispiel.
Ich hatte einen Abriss des hinteren Kreuzbandes
im Knie. Der wurde diagnostiziert und behandelt.
In der gesamten Zeitdauer bis zur Heilung hat kein
Arzt mein Bein, mein Knie angeschaut oder
berührt. Ich war immer nur eine Röntgenaufnahme
oder ein CT-Bild.

Die operative Versorgung meiner
Schulterverletzung ist nicht so gut gelungen,
weswegen ich bis heute bei einem Orthopäden in
Behandlung bin. Wir haben uns bestimmt schon
zehn Mal gesehen. Als wir uns beim letzten Mal zu

einem verabredeten Termin trafen, kam er freudestrahlend auf mich zu und fragte mich, was

er denn für mich tun könne. In den Sekunden meiner erstaunten Verwirrung war sein Computerbildschirm wieder zum Leben erwacht und vermittelte ihm im wahrsten Sinne des Wortes ein klärendes Bild von mir.

Liebe Ärztinnen, liebe Ärzte. Wir sind zuerst Menschen. Bevor Sie und das Gesundheitssystem uns zu Daten machen, uns in Akten ablegen, Fallpauschalen an uns festmachen und Vor-schriften bereitlegen, die unseren Weg durch Ihre Instanzen genau festlegen und alle möglichen Risiken als Ausrufezeichen tragen – wir sind aus Fleisch und Blut und Knochen. Irgendein Teil davon ist krank. Deswegen sind wir bei Ihnen. Wir vertrauen Ihnen und Ihrer Kunst. Wir vertrauen darauf, dass Sie sich uns zuwenden. Bevor Sie sich einem Röntgenbild, einer CT-Aufnahme oder einem Laborbefund zuwenden, verwenden Sie bitte Worte, Blicke, Berührungen an uns. Wir sitzen auch mit Ängsten vor Ihnen. Wir sind aufgeregt, verstehen möglicherweise Ihren Namen nicht und sind zu verunsichert, noch einmal nachzufragen. Das Schild, das Sie an Ihrem Kittel tragen, wackelt zu sehr hin und her, als dass wir darauf Ihren Namen nachlesen könnten. Schon wissen wir nicht, wie wir Sie ansprechen können und schon wieder ist Distanz da, die im Verhältnis Arzt und Patient nicht hilfreich ist.

Ein Computer sollte immer nur ein Hilfsmittel

bleiben. Ihm darf nie mehr Aufmerksamkeit geschenkt werden als einem Patienten. Alle Vorteile, die sich durch den Einsatz modernster Informationstechnologie im Gesundheitswesen ergeben, können nicht wichtiger sein als die Beziehung zwischen Arzt und Patient.

Die Beziehung zwischen Mensch und Mensch.

Man muss sich damit zufrieden geben, manchmal zu helfen, häufiger zu bessern, jedoch sei es Aufgabe des Arztes, jeden Fall zu trösten und zu erquicken.

Sir William Osler, 1849 – 1919,   kanadischer Internist, Namensgeber der nach ihm benannten Osler-Krankheit

Eins möchte ich am Ende des Kapitels noch ansprechen:

Es klingt sperrig und irgendwie seltsam, wenn man die weiblichen Vertreter der Ärzteschaft in der Mehrzahlform mit „Sehr geehrte Ärztinnen" anspricht.
Aber es ist gut, dass es Sie in der Mehrzahl gibt. Als an Computer noch nicht zu denken war, war das sicher noch keine Selbstverständlichkeit.

WWW
Was Wäre Wenn – Geschichten

Was wäre, wenn beide Fahrstühle unseres Hochhauses auf längere Zeit nicht funktionierten, ich stände aber unten, vor dem Haus?
Ich muss mir Gedanken machen, wer von unseren Freunden und Bekannten nicht höher als in der ersten Etage wohnt. Und dann sollte ich die Beziehung zu diesen Menschen immer gut pflegen.

Was wäre, wenn mich beim Gang zur Kaufhalle unerwarteter, sommerlicher Platzregen träfe? Wenn sich alles um mich um ein Vielfaches beschleunigte und hetzende Menschen unter den wenigen Möglichkeiten Schutz vor prasselnder Nässe suchten?
Ich würde verblüffen, indem ich ein Beispiel unerklärlicher, stoischer Ruhe böte und weiterliefe, als gäbe es keinen Grund zur Eile. Also so wie immer, oder als bewegte ich mich in einer meteorologischen Parallelwelt.

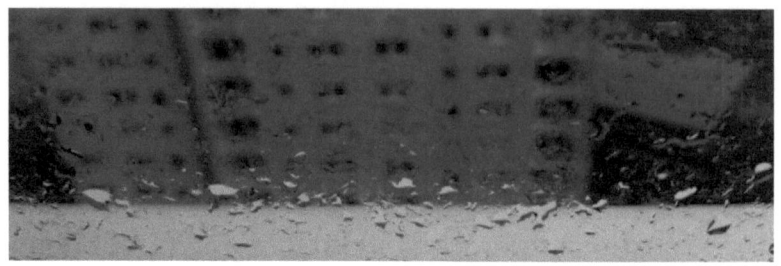

Was wäre, wenn ein Mensch, in gefährliche
Situation geraten, meine Hilfe bräuchte? Hilfe,
die körperlichen Einsatz von mir verlangte?
Ich mag nicht weiterdenken.
Passt immer alle gut auf Euch auf!

Was wäre, wenn ich in meinem Leben nicht
so viele Raucherpausen gemacht hätte?
Ohne diese Pausen hätte ich länger
durchhalten können.

Was wäre, wenn ich, statt mit dem Rauchen
anzufangen, Klarinette spielen gelernt hätte?
Wäre ich den Anfangsschwierigkeiten mit der
gleichen ausdauernden Beharrlichkeit
begegnet wie denen beim Rauchen, und wäre
ich wie beim Rauchen mehr als 40 Jahre am
Ball geblieben, ich könnte heute ein
Klarinettenvirtuose sein.
Stattdessen blase ich in einen FLUTTER.

Was wäre, wenn Tabakpflanzen zu den aussterbenden Pflanzenarten gezählt werden müssten?
Noch vor der Erfindung eines Mittels gegen den Krebs wäre ein Mittel gefunden, das Tabakpflanzen vor dem Aussterben schützt.

Was wäre, wenn Krankenkassen Raucher mit höheren Beiträgen belegten?
Über diese Frage sollte man ernsthaft nachdenken.

Was wäre, wenn Paraolympics auch für Menschen wie mich, also Menschen mit COPD freigegeben werden würden?
Sie würden unendlich lange dauern.

Was wäre, wenn plötzlich alle Mobilfunknetze ausfielen?
Ich könnte nicht einmal Rauchzeichen senden.

Was wäre, wenn Indianer das Rauchen nicht gekannt hätten?
Hätten sie statt mit einer Friedenspfeife auch bei gemeinsamem Bratwurstessen Frieden schließen können?
„Mann, ist das `ne Wurst!" klingt jedenfalls unverfänglicher als „Mann, ist das `ne Pfeife!"

Was wäre, wenn man das Rauchen unter finanzielle Strafe stellen würde?
Es würde nicht so viel dabei hereinkommen wie mit der Tabaksteuer.

Was wäre, wenn bei einem herbstlichen Pilzsuchgang plötzlich Waldbrand über mich herfiele? Und die Flammen würden sich so gebärden, dass allein schnellstes Laufen Aussicht auf Rettung brächte?
Ich lass das lieber mit dem Pilze suchen.

Was wäre, wenn die Tabakkonzerne in gemeinsamer Täterschaft mit dem Finanzministerium weiter in schon praktizierter räuberischer Manier an der Preisschraube für Tabakprodukte drehten?
Dann hätte ich einen weiteren Grund mich zu freuen, dass ich am 2. März 2018 mit dem Rauchen aufgehört habe.

Letzte Was-Wäre-Wenn-Frage:

Was wäre, wenn ich nie geraucht hätte?

Appell

Ap·pell
/Appéll/

Substantiv, maskulin [der]
1a.
auffordernde, aufrüttelnde Mahnung
"ein Appell an die Vernunft"
1b.
Aufruf, Aufforderung
"ein dringender Appell an die Nation, zum Frieden, zur Zusammenarbeit"
2.
MILITÄR
Aufstellung, Antreten zur Überprüfung, Entgegennahme einer Nachricht, eines Befehls o. Ä.
"der morgendliche Appell"
Herkunft
französisch appel, zu: appeler = (auf)rufen < lateinisch appellare, appellieren

Ähnlich:
Anmahnung, Erinnerung, Mahnung, Mahnruf, Aufforderung, Aufruf, Ruf

Liebe Jugendliche, liebe Heranwachsende, liebe Ausprobierende, liebe Suchende, liebe Unfertige, liebe Anfangende ....

Ich bin einer von denen, auf die ihr nicht gern hört. Ich bin einer von den Alten. Einer von denen,

die euch immer alles vorsetzen wollen: Zu viel
schon Fertiges, zu viel schon Gelebtes, zu viel
schon Erfahrenes. Ihr braucht es euch nur noch
anzuhören, nur noch zu lesen, nur noch zu
glauben und nur noch zu schlucken. Dabei wollt ihr
doch selber und allein mit etwas fertig werden,
wollt es selber (ver)suchen und erfahren, wollt es
selber (er)leben. Und erst dann wollt Ihr
entscheiden, ob es euer wird.

Noch dazu bin ich ein Lehrer (gewesen). Was
einem ein Lehrer vorsetzt, muss man schlucken.
Was könnte man auch gegen den Satz des
Pythagoras sagen? Außer, dass er einen nicht
interessiert. Und so ist es mit allem, was einem
Lehrer erzählen: Es ist bestimmt alles richtig,
möglicherweise vieles wichtig, aber das Wenigste
davon passt zu dem, was euch gerade wichtig ist,
was euch beschäftigt und was euer Leben gerade
ausmacht.

Und jetzt komme ich hier daher, alt UND Lehrer,
und auch ich will euch von etwas überzeugen. Ich
will euch in meinen Lastenkahn der Erfahrungen
laden und trocken über einen See bringen, in dem
Ihr vielleicht lieber baden und euch richtig
austoben wollt. Ihr wollt selber erfahren, wie tief
das Wasser ist, wie die Strudel an euch zerren und
wann die Kälte nach euch greift. Oder Ihr wollt
den See allein umlaufen, ohne dabei nass zu
werden.

Es gibt ein in meinen Augen hemmendes Element bei Fortbestand und Entwicklung der Menschheit. Das klingt jetzt groß, meint aber nur die einfache Tatsache, dass sich jede Generation immer wieder dagegen wehrt, Erfahrungen zu übernehmen und sich zu eigen und zunutze zu machen. Nein, jede Generation will das, was eigentlich schon generationenübergreifend erprobt und bewährt bereit liegt, für sich und immer wieder neu selbst erleben und so zu eigener, neuer Erfahrung machen.

Hält uns das nicht auf? Wird die Erfahrung eine andere sein, nur weil man sie sich selber angeeignet hat? Ich habe einen tollen Spruch dazu gefunden:

> *Erfahrungen sind Maßarbeit. Sie passen nur*
>
> *dem, der sie macht.*
>
> *Oscar Wilde 1854 - 1900*

Aber ich höre jetzt auf zu philosophieren. Ich will euch nicht strapazieren, ich will euch dahin bringen, mir folgen zu wollen. Ich möchte, dass ihr mir glaubt. Es gibt Erfahrungen, die muss man nicht machen. Um ein Beispiel zu nennen: Ich hoffe, jeder von euch hat geglaubt, dass es schmerzhaft ist, auf eine heiße Herdplatte zu fassen. Hier sollte Glauben reichen. Auch ohne eigenes Erfahren.

Und um jetzt endlich zum Thema Rauchen zu kommen: Ich weiß, dass das Beispiel mit der heißen Herdplatte nicht auf das Rauchen übertragbar ist. Weil Rauchen nicht sofort, wie die Berührung einer heißen Herdplatte, weh tut. Weil sich die Folgen des Rauchens erst nach vielen Jahren einstellen und als Erfahrung erlebbar werden.

Also muss ich euch bitten, mir zu glauben, wenn ich vom Rauchen schreibe. Ich möchte, dass ihr meine Erfahrungen nicht machen müsst. Eine Brandblase wird wieder verheilen. Die Schäden, die das Rauchen anrichtet, sind, wenn überhaupt, sehr viel schwerer wieder zu reparieren.

Lasst es uns so machen:

Ihr lest, was ich schreibe. Ihr lest es bis zum Ende. Ihr glaubt mir, dass alles so von mir erlebt ist, dass alles der Wahrheit entspricht (nicht nur in diesem Kapitel, auch in allen anderen). Und lasst uns noch einen Schritt weiter gehen: Ihr lasst den Gedanken zu, dass auch euch treffen kann, wovon ich in diesem Buch berichte und wovor ich in diesem Kapitel warne. Auch wenn ihr schon seit - sagen wir fünf Jahren - raucht und an euch selber noch nichts davon bemerkt habt.

Ich beginne mit dem Satz
ES GIBT KEINEN GRUND ZU RAUCHEN!

Es gab einen Grund, eine erste Zigarette zu rauchen, es auszuprobieren. Neugier, der vielzitierte Gruppenzwang, Imponiergehabe. Und schon sind wir bei erster, von euch ganz allein gemachter Erfahrung: Es stinkt, es kratzt im Hals, es reizt zum Husten, es ruft Schwindel und Brechreiz hervor. Nichts davon kann als Grund dafür herhalten, weiter zu rauchen. Also muss man Gründe erfinden, sich zurechtlegen und in Situationen des Hinterfragens parat haben.

Ich habe in vielen Gesprächen mit meinen Lehrlingen dazu aufgefordert, mir Gründe zu nennen, warum sie rauchen, warum eine Zigarette zu ihrem Leben gehört.

Es waren immer wieder die gleichen Gründe, und um ehrlich zu sein, es waren oft auch die, mit denen ich meine eigene Sucht zu bemänteln versucht hatte.

Rauchen beruhigt die Nerven.

Es stimmt nicht! Es ist Unsinn! Wir haben unseren Körper, unsere Nerven so konditioniert. Hätten wir in Situationen, die uns heute zu einer Zigarette greifen lassen, von Anfang an zu Häkelnadel und Häkelgarn gegriffen und uns an einem Topflappen versucht, hätten wir uns auch dazu gebracht zu glauben, dass das Häkeln unsere Nerven beruhigt. Es wäre die gesundere Art der Beruhigung gewesen. Und die lustigere. Man stelle sich eine häkelnde Runde in einem Raucherpavillon vor …

Ähnlich verhält es sich mit folgender Begründung:

Der Stress! Ich muss runterkommen!

Das lasse ich bedingt sogar gelten. Auch aus eigenem Erleben heraus. Nach einer anstrengenden Unterrichtsstunde oder nach anderen anstrengenden Momenten war eine Zigarettenpause erholsam.
Und jetzt habe ich mir selber ein Bein gestellt. Indem ich gleichen Effekt auch für mich beanspruche, obwohl ich klarmachen will, dass wir nur einer antrainierten Einbildung erliegen. Und auch wenn es funktioniert, weil wir uns so konditioniert haben, hat es leider nicht allein den Effekt, dass wir tatsächlich vom Stress runterkommen. Wir erkaufen uns den Effekt mit gesundheitlichen Folgen, die am Ende schwerwiegender sind als der Moment des Stresses, den wir überwinden wollten. Und damit bin ich wieder beim Topflappenhäkeln, was die bessere, weil gesündere Alternative gewesen wäre.

Wir haben unserem Hirn zu lange das falsche Angebot gemacht und es mit falschen Reizen geködert. Denn ja, es gibt Stellen im Gehirn, die Wohlfühlhormone freisetzen, wenn bestimmte Botenstoffe sie erreichen. Nikotin kann ein solcher Botenstoff sein, Schokolade auch. Aber müssen wir die Botschafter auf die Reise schicken? Schokolade macht dick und Nikotin macht krank. Ich kenne sehr viele Menschen, die auch ohne Schokolade und Zigaretten glücklich sind. Und fröhlich und unbeschwert. Und vor allem sind sie es noch heute, da mir das Lachen auf Grund meiner Krankheit schon allzu oft vergangen ist.

Welcher Stress wurde hier abgebaut? Wer hat so seine Ruhe wiedergefunden? Ist solch ein Anblick nicht eher beunruhigend?

Wir haben unser Gehirn falsch erzogen.

Hat jemand von euch einen Hund? Man könnte einen Hund dazu erziehen, sich auf das Kommando „ Spring!" hinzulegen. Es kommt immer darauf an, welchen gewünschten Effekt man mit welchem Wort oder welchem Kommando beim Trainieren verbindet, und was man möglicherweise als Belohnung einsetzt.

Welche Belohnung gibt es eigentlich beim Rauchen? Damit sind wir wieder bei den Begründungen für das Rauchen, weil, das ist ja unsere Belohnung, der Effekt, den wir erreichen wollen.

Das Folgende habe ich tatsächlich, und nicht nur einmal gehört:

Mir ist so langweilig. Ich weiß nicht, was ich sonst tun soll.

Dann häkel doch, verdammt nochmal !!

Ich werde gleich versuchen, mit mehr Ernsthaftigkeit darauf einzugehen. Aber erst einmal sei mir der emotionale Ausbruch gestattet. Von allen Begründungen ist das die dümmste. Man stelle sich vor, Jahre später sitzt man in einem Rollstuhl, weil einem das Raucherbein amputiert werden musste und alles nur wegen Langeweile, die man in jungen Jahren nicht besser zu bekämpfen wusste. Und ich hoffe, jeder von euch ist sich darüber im Klaren, dass ich das Häkeln nicht als ernsthaftes und einziges Mittel gegen Langeweile empfehle. Und ich hoffe dazu noch, euch fallen von allein viele weitere Dinge ein, mit denen Ihr Langeweile bekämpfen könnt und für die ihr beide Hände braucht, auf dass keine davon frei ist, eine Zigarette zu halten. Und auch wenn ich es nicht so sehr mag, vor allem wenn es zu ausufernd betrieben wird – es ist besser, ihr zockt, braucht alle Finger für die Knöpfe einer Spielkonsole und alle Sinne für das Abenteuer auf dem Display, als dass ihr sie an eine Zigarette verschwendet.

Und glaubt mir, wenn ihr dann mit roten Ohren wieder aus der Spielwelt auftaucht, wird eine Zigarette euch nicht wirklich entspannen oder beruhigen. Dann häkelt lieber weiter an eurem Topflappen.
(Ich höre jetzt damit auf. Den Topflappen habe ich jetzt lange und oft genug benutzt.)

Was höre ich noch an Gründen, die eine Zigarette rechtfertigen sollen.

Ich muss was zu tun haben, irgendwas zwischen den Fingern halten.

Dann nimm einen Radiergummi, einen Korken, ein Gänseblümchen, eine Büroklammer, einen Bauklotz von deinem jüngeren Bruder, einen

Knopf, eine Muschel vom letzten Urlaub, einen Topflappen (er müsste inzwischen fertig sein), eine Rolle Nähgarn oder ein Stück Seife.

Falte einen Papierflieger, lutsche einen Lutscher, bohre in der Nase, drück einen Pickel aus, mach zehn Liegestütze, schreibe einen Brief auf richtigem Papier, gehe für deine Oma einkaufen oder erschlage zehn Mücken.

Bearbeite einen Kaugummi, leck ein Eis, knabber an einem Hähnchenschenkel oder an deiner Freundin. Kaue auf einem Bleistift herum und erschrick nicht, wenn du aus Versehen ein paar kleine Holzsplitter verschluckst. Sie sind nicht so ungesund wie der Rauch einer Zigarette. So wie alles eben Angebotene besser ist als eine Zigarette zu rauchen. Und wenn ihr alle meine Vorschläge abgearbeitet habt, habt ihr mehrere Stunden nicht geraucht. Dann fangt einfach wieder von vorn an. Ihr könnt euch auch gern etwas Eigenes einfallen lassen.

Ich bin immer noch mit Ernst bei der Sache. Auch wenn nicht alle Vorschläge ernst gemeint waren. Ich will einfach nur zum Ausdruck bringen, dass alles besser ist als zu rauchen. Ich glaube auch, dass wir noch mehr Gründe zusammentragen könnten, die Raucher bemühen, um ihre zweifelhafte Leidenschaft zu rechtfertigen und zu begründen. Ich bleibe dabei:

ES GIBT KEINEN GRUND ZU RAUCHEN!

Ihr könnt mir gern eure Gründe nennen. Gründe,

die in diesem Kapitel nicht beschrieben sind. Auf irgendeiner Seite dessen, was ihr gerade in den Händen haltet, findet ihr meine E-Mail-Adresse. Ich lade euch herzlich ein, mir zu schreiben. Wenn ihr anderer Meinung seid, wenn ich euch provoziert habe, wenn ihr Fragen an mich habt, wenn ihr mit etwas nicht einverstanden seid oder euch etwas fehlt. Diese Einladung geht an alle Leser. Sie bezieht sich auf jedes Kapitel, wenn es für den Leser einen Ansatzpunkt zum Einhaken bietet.

Und zum Schluss noch einmal **Appell**.

Versucht, nicht mit dem Rauchen anzufangen. Versucht, es beim Probieren zu belassen. Versucht, selbst auf das Probieren zu verzichten. Ihr fasst doch auch nicht freiwillig auf eine heiße Herdplatte. Glaubt mir, dass Rauchen schädlich ist. Glaubt mir, dass böse Folgen auch euch treffen können. Glaubt mir, dass selbst ohne böse Folgen, ohne solche, die den Namen einer bedrohlichen Krankheit tragen, eure Lebenserwartung eine eingeschränkte sein wird. Und bedenkt, dass das, was ihr heute mit der Bemerkung „Mir doch egal" abtut, später, bei anderer Einsicht, kaum mehr zu korrigieren ist. Es wird noch schwerer und schmerzhafter sein, als eine Tätowierung wieder unsichtbar zu machen, die euch nicht mehr gefällt.

Und wer schon mittendrin steckt, mit dem Rauchen wieder aufzuhören, kann gelingen. Je eher man es versucht, desto größer sind die Chancen. Und desto mehr Sinn macht es. Ich habe es nach mehr als 40 Jahren Rauchen noch geschafft. Wenn auch zu spät. Ich kann die Krankheit nicht mehr entscheidend in die Schranken weisen.

Wenn ich irgendwen von euch erreiche und seinem Weg auch nur eine kleine Richtungsänderung geben kann, dann war mein eigenes Scheitern am Ende doch noch zu etwas gut. Und macht am Ende doch noch ein bisschen Sinn.

Den Gefallen könntet ihr einem alten Lehrer doch tun, oder?

Wenn die Zehn steht
Protokoll eines Notfalls

Nach einer Operation wird man oft aufgefordert, mit einer Zahl zwischen Eins und Zehn die Stärke der Schmerzen anzugeben, mit denen man es gerade zu tun hat. Wobei die Zehn für höchsten Schmerz steht. Das mag dann auch subjektiv empfunden sein und eine Zehn bei Patient Müller mag anderen Schmerz bedeuten als eine Zehn bei Patient Krause. Und in keinem Fall wird diese Zahl adäquat in eine gleiche Anzahl von Schmerztabletten pro Tag umgesetzt werden. Aber ein Anhaltspunkt ist sie allemal. Sie kann auch Veränderung aufzeigen. Und auch wenn man in bestimmten Phasen nicht daran glauben mag, sie wird in der Regel und in der Mehrzahl aller Fälle wieder gen Null gehen.

Ich habe es mir zur Gewohnheit gemacht, dieses Bewertungssystem zu verwenden, um meinem Tag eine Note zu geben, die ausdrückt, wie ich den Tag überstanden habe. Wie sehr mich Husten und Luftknappheit gequält und meine Bewegungsmöglichkeiten eingeschränkt haben. Wobei in diesem Fall die Zehn nicht für höchsten Schmerz steht sondern für die unbedingte Notwendigkeit, einen Notarzt rufen zu müssen. Inzwischen habe ich das Empfinden, dass sich diese Idee gegen mich kehrt. Weil es wenig aufbauend oder ermutigend ist, wenn man am

Ende eines Tages keine Zahl schreiben kann, die besser als Acht ist. In der Mehrzahl ist es inzwischen auch eine Neun, die vor dem Komma steht und das Komma habe ich eingeführt, um möglichst lange keine Zehn schreiben zu müssen und so den Anruf bei der Rettungsstelle hinauszögern zu können.

Inzwischen habe ich aber auch gelernt, mit von mir als bedrohlich empfundenen Situationen besser umzugehen. Ich weiß, dass ich einige Möglichkeiten an der Hand habe, mit denen ich versuchen kann, aus einer Notsituation wieder herauszufinden um so nicht zum letzten Mittel, dem Anruf in der Rettungsstelle, greifen zu müssen. Ich zwinge mich zur Ruhe, verdränge aufkommende Panik, die mir die übergroße Atemnot aufzuzwingen versucht. Ich konzentriere mich auf meine Atmung, setze die schon beschriebene Lippenbremse ein. Dann habe ich schon mein Notfallspray genommen. Ich werde es wiederholen, wenn sich nach etwa einer viertel Stunde noch keine Besserung eingestellt hat. Ich werde meinen Körper bewusst in Positionen bringen, die mir das Atmen erleichtern. Das kann die sogenannte Kutscherhaltung sein (Ich sitze, beide Hände liegen auf den Oberschenkeln), oder ich stütze mich einfach nur mit beiden Händen auf, den Oberkörper leicht vornüber gebeugt. Dazu reicht ein Tisch oder ein Treppengeländer. Solange ich noch dieses Repertoire an Möglichkeiten abarbeiten kann, kann ich noch bewusst handeln, werde ich noch nicht völlig von der Situation beherrscht sondern kann immer noch versuchen, selber die Situation zu beherrschen. Solange mir das gelingt, werde ich eine 9,9 in mein Patiententagebuch eintragen. Das Gefährliche an dieser Handhabung meines Bewertungssystems ist, dass ich damit die Grenzen meiner Handlungsmöglichkeiten fast schon überreizt habe. Soll heißen, wenn ich dann tatsächlich einen Notarzt brauche, werde ich ihn kaum noch aus eigener Kraft rufen können. Ich bin also auf Hilfe angewiesen. Wenn meine Frau in der Nähe ist reicht es, wenn ich mit dem Rest mir verbliebener Kraft die beiden Silben „Ruf an!" herausbringe. Einem Fremden, zum Beispiel auf der Straße, müsste ich mehr erklären, wozu ich nicht in der Lage wäre.

So geschehen am 2. März 2020, und hier beginnt mein „Protokoll eines Notfalls".

Wer noch einmal zum Prolog dieses Buches zurückblättert, findet dort schon einmal das Datum 2. März. Es ist der Tag im Jahr 2018, an dem ich meine letzte Zigarette rauchte. Dieses Jubiläum wollten wir auf den Tag genau zwei Jahre später mit einem gemeinsamen Essen feiern.

18 Uhr, auf dem Weg nach Michendorf

Wir wollen den Abend in einem Restaurant verbringen, für das ich hier gern Werbung mache. Es trägt eine Palme in seinem Namen und ich mag

Palmen mehr als märkische Kiefern. Auch wenn ich gern unter ihnen gewohnt habe.

Bis zu diesem Moment hätte ich meinen Tag mit etwa 8,5 bewertet, was zwar ziemlich weit entfernt ist von den besseren Zahlen aber immerhin noch ausreichend weit entfernt von der Zehn. Eine der unfreundlichen Seiten der Krankheit COPD ist, dass sich solch ein Zustand auch ohne erkennbaren Auslöser ad hoc verschlechtern kann.

21 Uhr, vor unserem Haus

Wir sind nach einem entspannten Abend, nach gutem Essen aber auch schon begleitet von verstärktem Husten meinerseits wieder zuhause angekommen. Ich weiß, dass es für mich höchste Zeit ist zu inhalieren. Aber zu dieser Tageszeit ist es fast unmöglich, einen Parkplatz vor der eigenen Haustür zu finden. Ich lasse also die Familie aussteigen, um mich dann auf die Suche nach einem freien Parkplatz zu machen. Meine Frau will mir das zwar abnehmen, aber ich bestehe darauf, es selbst zu tun. Ich weiß nicht, ob es inzwischen entwickelter altersbedingter Starrsinn oder die schon verinnerlichte Ablehnung jeglicher in meinen Augen unnötigen Hilfe ist, ich will es selber tun.

21:05, etwa 400 m von unserem Haus entfernt

Ich habe einen Parkplatz gefunden, weiß aber auch schon, dass ich für den Fußweg zurück zu unserem Haus ein Vielfaches mehr an Zeit werde aufwenden müssen. Schon beim Aussteigen bemerke ich, dass sich meine Formkurve weit im roten Bereich bewegt. Jede Bewegung von mir ist mit Aufwand und Atemnot verbunden, und dabei habe ich noch keine Bewegung gemacht, die mich unserem Wohnhaus auch nur ein kleines Stück näher gebracht hätte.

21:30 Uhr, etwa 200 m von unserem Haus entfernt

Ich kann unser Haus sehen, weiß aber, dass ich die zweite Hälfte des Weges nicht mehr bewältigen werde. Jeder einzelne Schritt bringt mich nur der Gewissheit näher, einen weiteren Schritt nicht mehr zu schaffen.

Ich bekomme keine Luft. Was anderen Menschen eine Floskel ist, was mit dem Öffnen eines Fensters wieder abzustellen wäre, wird bei mir zu existenzieller Not. Stehen bleiben, nach Atem ringen, Zeit darauf verwenden Kraft zu sammeln für weitere, helfende Atemzüge, vielleicht sogar für weitere Schritte, erweist sich als nutzlos.

Hilflosigkeit, zunehmend gepaart mit erster Ahnung von Todesangst, macht sich in mir breit. Natürlich bin ich längst weit jenseits irgendeiner Zehn. Aber ich bin nicht mehr in der Lage, aus eigener Kraft darauf zu reagieren. Das Handy ist in meiner Jackentasche, aber es herauszunehmen, die drei Ziffern einzugeben und mich dann zu erklären ist mir nicht mehr möglich.

21:32 Uhr, gleiche Stelle

Mein Handy klingelt. Ich weiß, dass es meine Frau ist. Sie ist es gewohnt, dass ich für jede Art Weg sehr viel mehr Zeit aufwenden muss als fast jeder andere Mensch. Aber jetzt ahnt sie, dass etwas nicht stimmt. Sie will helfen, braucht aber Informationen. Was mich wiederum zusätzlich belastet. Ich kann das Handy nicht benutzen, weil ich nicht sprechen kann. Ich habe nicht einmal das Quentchen Energie übrig, es herauszunehmen und zu entsperren. Ich brauche alle Kraft um zu stehen und zu atmen. Auch in dem Wissen, dass ich meine Frau gerade noch mehr beunruhige.

21:35 Uhr, gleiche Stelle

Ich kann endlich so viel Kraft aufbringen mein Handy in Betrieb zu nehmen. Es reicht immer noch nicht für einen Wortwechsel, aber ein paar hoffentlich ausreichend klärende Wort- und Satzfragmente kann ich als Nachricht senden.

21.40 Uhr, gleiche Stelle

Der Wagen meiner Frau hält mit dramatisch klingenden Bremsen auf der Straße. Sie hat mich gefunden, Rettung scheint also nah. Aber immer noch nicht nahe genug. Ich kann die 10 m Rasen nicht überwinden, die uns noch trennen. Also fährt meine Frau kurzerhand über Bordsteinkante und Rasen und steht jetzt dicht neben mir.

Ich kann immer noch nicht einsteigen. Aber ich kann mich jetzt am Auto aufstützen, was schon eine enorme Erleichterung für mich bedeutet.
Ein paar Minuten später schaffe ich es, mich auf den Sitz fallen zu lassen. Ich weiß nicht, wer die Beifahrertür schließt.
Wir fahren. In meinem Kopf ist nicht einmal Raum für die Frage, wohin wir fahren.

Keine Minute später
Ich muss aus dem Auto raus! Die Enge eines Kleinwagens nimmt mir zusätzlich die Luft. Die Fahrbewegungen hindern mich daran, mich ausreichend auf die für mich lebensnotwendige Atmung zu konzentrieren. Ich muss Wasser lassen! Sie merken schon, die körperliche Notlage hat sich längst mit einer psychologischen Komponente verstärkt. Ich muss aus diesem Auto raus! Dann wird es auch noch ungerecht: Ich will meiner Frau klarmachen, dass sie anhalten muss. Aber auf Grund meiner Kraft- und Luftknappheit wird aus einer dringenden Bitte ein dahin gebellter, unfreundlich knapper Befehl.
Entschuldige bitte, Bärbel.
Ich habe es durch parkende Autos bis in ein Gebüsch geschafft und kann mich dort erleichtern. Und dass ich es bis dorthin geschafft habe, ist allein eine kaum noch kontrollierte Willensleistung, die von dem Wunsch getrieben ist, nicht einmachen zu wollen.

Aber jetzt weiß ich nicht weiter. Ich bin am Ende. Meine Frau hat schon längst die 112 gewählt.

Zwischenbemerkung:

Wenn jemandem das bisher in diesem Kapitel Beschriebene übertrieben dramatisiert scheint, will ich es so hinnehmen. Ich lasse auch nicht den Wunsch in mir aufkommen, der Zweifelnde möge durch eigenes Erleben von der Glaubwürdigkeit meines Schreibens überzeugt werden. Nein, ich wünsche niemandem, dass er erleben muss, was ich erlebe. Wenn ich mir etwas wünschen darf, dann folgendes:
Das hier sollen möglichst viele lesen. Das hier soll möglichst viele zum Nachdenken bringen. Vielleicht sogar zum Handeln.

Die folgenden Minuten werden zu den längsten dieses Abends. Ich habe inzwischen jedes Zeitgefühl verloren. Nicht nur das. Ich habe das Gefühl, keine Zeit mehr zu haben.
Bis das Geräusch des sich nähernden Martinshorn und das Flackern von Blaulicht direkt neben mir in meinem Bewusstsein Platz finden.

Im Krankenwagen

Mir ist noch nichts leichter gemacht, aber ich fühle eine unendliche Erleichterung. Ich konnte schon mehrfach die Erfahrung machen, dass mir von diesem Moment an spürbar geholfen wird. Nur dass es dieses Mal ausschließlich im Krankenwagen geschieht und nicht schon in unserer Wohnung beginnt. Ein Problem gibt es noch: Ich kann mich nicht hinlegen und muss das den Rettungskräften begreiflich machen. In diesen Momenten panischer Luftknappheit kann ich nicht liegen. Schon gar nicht auf dem Rücken. Selbst das Angebot, den oberen Teil der Trage so hochzuklappen, dass ich fast aufrecht sitzen könnte, hilft mir in dieser Situation nicht. Weil es mich bzw. meinen Körper in die Situation bringt, statt der als äußerst unangenehm, fast schon als Überstreckung empfundenen Haltung des Körpers durch das Liegen auf einer harten Trage ein Zusammendrängen meiner inneren Organe in Kauf nehmen zu müssen. Für die ich doch Platz brauche. Die sich ausdehnen und weiten müssen, damit sie ihre Arbeit machen können auf das sie mich am Ende mit lebensnotwendigem Sauerstoff versorgen. Und was gerade wieder auch von Psychologie beeinflusst scheint, was ich kaum schreibend und auch nicht im Nachhinein klärend darstellen kann, muss ich im Krankenwagen im Moment immer noch größter Not artikulieren. Es muss mir gelungen sein. Zum ersten Mal werde ich in aufrecht sitzender Position im Rettungswagen transportiert. Ich weiß nicht, ob die Rettungskräfte damit eine Vorschrift verletzt haben. Aber sie haben es mir auch dadurch sehr viel leichter gemacht. Geht es letztendlich nicht genau darum?

Und irgendeins von den vielen Medikamenten, die mir vor Beginn und während der Fahrt ins Krankenhaus verabreicht werden, hat eine derart sedierende Wirkung, dass ich ganz beruhigt vor mich hin schaukel, die Klänge des Martinshorn als die schönste Musik der Welt und jeden Hopser, den der Krankenwagen auf schlechter Straße macht, als liebevollen Klaps auf die Schulter empfinde:
Du hast es geschafft.

In der Notaufnahme

Sie sind alle wieder da: Die alte Frau, die die letzten Stufen hinab in das Erdgeschoss ihres Hauses übersehen hat, die Eltern, deren Sorge allein ihrem kranken Kind gilt, die Jugendlichen, die sich in trunkenem Übermut die Köpfe blutig gehauen haben. Der Alkoholisierte, dem der Suff nicht nur jeden Gleichgewichtssinn, sondern auch jede Form von Benehmen abhandenkommen ließ. Wenn er es denn nüchtern je hatte. Der jetzt die beschimpft, von denen er doch Hilfe erwartet. Der Bauarbeiter, der vielleicht noch gar nicht begriffen hat, warum er jetzt auf einer Krankentrage liegt statt im Flutlicht seiner Baustelle zu stehen. Die Ausländer, die ihre Sorgen und Probleme kaum artikulieren können und trotzdem das gleiche Recht auf Behandlung haben wie jeder andere. Warum und womit sollten sie es sich auch erst verdienen müssen? Alle liegen auf rollbaren

Tragen, die sich entlang der verzweigten Flure der Notaufnahme reihen.

Über mir ist eine Uhr. Es ist **23:05 Uhr.**

4:50 Uhr, Notaufnahme

Wenn ich immer noch in der Notaufnahme liege ist das nicht der Trägheit oder der Unlust irgendeines Mitarbeiters des Krankenhauses geschuldet. Hier in der Notaufnahme konzentrieren sich wie unter einem Brennglas die Probleme des ganzen Hauses beziehungsweise seiner Mitarbeiter: Zu wenig Mitarbeiter und daraus folgend Überarbeitung, Überforderung und Stress. Und wenn in dem beinahe hektisch anmutenden Gewusel überwiegend ruhige, freundliche Worte von Seiten der Mitarbeiter zu hören sind, kann das nicht genügend gewürdigt werden. Und wenn sich doch mal ein lauteres darunter mischt, sollte jeder Wartende Verständnis dafür aufbringen. Er ist nicht der Einzige, nicht der Erste und nicht der Letzte in dieser Nacht, der ungeteilte Aufmerksamkeit für sich wünscht. Danach wird er (oder sie) wieder nach Hause können oder einer anderen Station des Krankenhauses zur weiteren Behandlung übergeben werden. Die Mitarbeiter der Notaufnahme bleiben bis zum Schichtende auf ihrem Posten. Und es wird bis Schichtende kaum ruhiger zugehen in der Notaufnahme des Krankenhauses.

Ich stand im Laufe der vergangenen gut sechs

Stunden immer wieder im Zentrum der Aufmerksamkeit von Ärzten und ihren unverzichtbaren Mitarbeitern. Im Ergebnis aller Untersuchungen und nach Absprache mit den in Frage kommenden Fachabteilungen des Krankenhauses werde ich auf die Wachstation verlegt.

Jetzt bin ich kein Notfall mehr. Jetzt bin ich Patient in einem Krankenhaus und kann das Kapitel „Protokoll eines Notfalls" beenden. Auch wenn ich noch mehr erzählenswertes erleben werde.

Aber wer weiß? Vielleicht brauche ich noch Material, wenn eine erweiterte Neuauflage dieses Buches gewünscht wird?

Momentaufnahme 5
Ampel

Ich bin nicht mehr allzuviel zu Fuß unterwegs. Manchmal lässt es sich nicht vermeiden, manchmal bringt mich das Wissen um die Notwendigkeit körperlicher Betätigung und also Vernunft auf die Beine.

Dann bin ich Teilnehmer im öffentlichen Verkehr, aber ich gehöre zu den langsamsten von ihnen. Und ich kann mir gut vorstellen, dass die Art meines langsamen Gangs auf andere, vom Alltag getriebene, hektisch eilende Menschen aufreizend wirken kann. Denn vom Äußerlichen her mag man mich noch nicht zur Gruppe der gebrechlichen, in jeder Situation mit Rücksicht zu begegnenden Alten zählen müssen (Ich hoffe es jedenfalls). Und ein Gipsverband an Bein oder Fuß, der als Grund für die auffallend langsame Gangart herhalten könnte, ist auch nicht auszumachen. Dass meine Atemwege wie durch einen Gipsverband eingeengt werden, ist für niemanden sichtbar.

Also, warum schleicht der dann so?!

Eine Straße zu überqueren, bedeutet Stress für mich. Bei der heutigen Verkehrsdichte findet sich selten die Lücke, die mir Zeit genug lässt, das rettende Ufer, also die andere Straßenseite, zu erreichen.

Eine Ampel ist der bessere Kreuzpunkt. Ampeln sind auch so konfiguriert, dass dem Fußgänger nach dem Umschalten auf Rot immer noch eine Karenzzeit bleibt, die Straße zu überqueren. Aber weiß ich,  wie viel Karenzzeit mir noch bleibt? Und wird nicht vom Fußgänger erwartet, dass er seinen Gang beschleunigt, wenn ihm schon Rot entgegenleuchtet?

Also, warum schleicht der dann immer noch so?!

Gut. Ich könnte auch mehr in Parks unterwegs sein. Weniger Autos, weniger Ampeln.

Aber auch weniger Schaufenster, weniger Cafes, weniger Menschen.
Weniger Leben.

Krankheitswesen

Polemik eines Getroffenen

Wenn ich krank bin, freut sich der Arzt, freuen sich Krankenschwestern und Krankenpfleger. Auch mein Apotheker und seine Mitarbeiterinnen freuen sich. Es ist keine Schadenfreude, es ist egoistische Freude. Und das ist in diesem Fall die bessere Art der Freude. Sie alle haben Arbeit durch mich, haben eine Anstellung und dadurch ein mehr oder minder ausreichendes Einkommen.

Ob es auch meine Krankenkasse freut vermag ich nicht zu beurteilen. Auf jeden Fall begegnen mir die Mitarbeiter meiner Krankenkasse weiterhin mit großer Freundlichkeit. Und das bis heute. Obwohl mein Töpfchen, in das ich alle Jahre eingezahlt habe, inzwischen ganz sicher mehr als leer ist und möglicherweise als kleines rotes Lämpchen im Finanzsystem meiner Krankenkasse blinkt. Ich danke allen Versicherten, die bis heute mehr einzahlen als sie entnehmen.

Bleibt schön gesund.

Es geht um Geld. Und es muss um gewaltige Geldströme gehen, die aus den Töpfen kommen, andere Töpfe füllen, in weitere weitergeleitet werden, sich vermehren oder sich als Rinnsale verlieren. Diese Geldströme müssen natürlich gelenkt, kontrolliert und verwaltet werden. Was dann weiteren vielen Tausend Menschen Brot, weil

Arbeit, bringt. Bei denen auch einer von den Töpfen steht. Und sie arbeiten meist in großen, hochmodernen und repräsentativen Gebäuden, die höchsten sicherheitstechnischen und architektonischen Ansprüchen genügen. Die mit bester Computertechnik hochgerüstet sind und deren Flure zeitgenössischer Kunst Raum geben. Wer schon einmal versucht hat, in die Bundeszentrale der AOK in der Berliner Rosenthaler Straße einzudringen, weiß, wovon ich rede. Alle Kontrollen überwinden, sich an Sperren abholen zu lassen kommt einem erlaubten Eindringen gleich. Wovor will man sich schützen? Um Viren oder Bakterien kann es nicht gehen. Auf Landesebene sind die Gebäude kaum weniger repräsentativ, wenn auch kleiner und zugänglicher. Oder die Mitarbeiter der Krankenkassen arbeiten in den weitläufigen Etagen altehrwürdiger Stadtvillen, die so teuer sind, dass sie nicht als Wohnungen vermietet werden können. Jedenfalls nicht so teuer. Oder sie sind Beamte und Angestellte und arbeiten für die Sache Gesundheit wiederum in Berlin. Dann steht an dem beeindruckenden Gebäude Ministerium und dort wird Gesundheitspolitik gemacht. Die dann nicht immer so beeindruckend gelingt. Aber das wird jeder in dieses höchstkomplizierte System von Töpfen und Schreibtischen Eingebundene anders sehen und so hoch wollte ich gar nicht hinaus und so viel Kenntnis habe ich gar nicht, als dass ich das alles objektiv und sachkundig bewerten könnte.

Ich will nur beschreiben, was ich erlebe, welche Beobachtungen und welche Erfahrungen ich als Mikrobestandteil dieses gewaltigen Kosmos mache. Und vielleicht mache ich mich auch gerade viel zu klein? Es geht doch um mich. Dieser ganze Kosmos sollte sich doch nur meinetwegen und um mich herum bewegen. Und um meinen Bettnachbarn im Krankenhaus. Und um alle Patienten in den Wartezimmern von Arztpraxen und Gesundheitseinrichtungen jeglicher Art.

Aber es geht eben nicht allein um uns, die Patienten. Es geht auch darum, Gewinn zu machen. Jeder in diesem System will (oder muss) Gewinn erzielen. Das heißt, in jedem Topf muss am Ende etwas übrig bleiben. Oder es muss – egal, wo es herkommt – immer wieder etwas mehr hineinfließen. Gut. Krankenkassen machen keine Gewinne. Sie bilden Rücklagen. Die werden zum Jonglieren eingesetzt. Abfedern gestiegener Kosten, Spielen mit den Krankenkassenbeiträgen, ein neues Verwaltungsgebäude. Aber Vorsicht: Wer zu hohe Rücklagen bildet läuft Gefahr, keinen Zusatzbeitrag einfordern zu dürfen. Also heißt es, Rücklagen abzuschmelzen. Gewinn machen oder Rücklagen bilden kann nur der, der am Ende mehr einnimmt als er ausgibt. Das ist in Zeiten ständig steigender Kosten nicht einfach. Das weiß der, der in der Familie die Haushaltskasse verwaltet und für ein Stück Butter immer wieder mehr Geld hinlegen muss. Das wissen auch die Verantwortlichen in einem Krankenhaus, die in zwar immer bessere, dafür aber auch immer teurere Medizintechnik investieren müssen. Wenn also vieles teurer wird, muss man schauen, wo man etwas billiger machen oder haben kann. Wobei ich das jetzt nicht freundlich ausgedrückt habe. Billig ist ein Wort, das kein Unternehmen in seine Unternehmens- philosophie schreiben wird. Selbst Textilanbieter, die offensichtlich billigste Materialien von Billigarbeitern in Billiglohnländern zu Produkten verarbeiten lassen, die in meinen Augen tatsächlich einfach nur billig aussehen, werden dieses Wort nicht verwenden. Sie werden vorgeben, wirtschaftlich zu arbeiten. Zum wirtschaftlichen Arbeiten gehören unter anderem Einsparungen. Wo also begegnen mir als Patient wirtschaftliches Arbeiten und Einsparungen? Kaum in den schon beschriebenen Verwaltungspalästen. Aber sie begegnen mir mit jeder Kranken- schwester, mit jedem Krankenpfleger, mit jedem Assistenzarzt, mit jeder Servicekraft. Sie alle haben es mit weitaus mehr Patienten zu tun als sie hingebungsvoll und verantwortungsbewusst versorgen können. Ich habe im Internet Zahlen von 2011 gefunden. Danach lag Deutschland beim Stellenschlüssel in der Krankenpflege europaweit auf dem letzten Platz. Ich habe wenig Anlass zu glauben, dass sich daran Entscheidendes geändert haben könnte. Trotz inzwischen verabschiedeter Gesetze zur Untergrenze von Pflegepersonal in Krankenhäusern. Aber ich werde an dieser Stelle abbrechen. Ich will nicht recherchieren und gelesenes wiedergeben. Wer Interesse hat, den verweise ich auf einen Artikel von Heinz-Wilhelm Esser, veröffentlicht am 04.01.2019 auf Focus Online.

Ich will von Erlebtem und Erfahrenem berichten. Und da drängt sich der Moment geradezu auf. Ich bin im Moment des Schreibens wieder einmal Patient im Krankenhaus. Ich habe gerade Mittag gegessen. Und eigentlich brauche ich an dieser Stelle gar nicht weiterzuschreiben. Aber ich muss appellieren: In diesem Bereich bitte nicht mehr! Hier sind die Grenzen des Sparens und damit des nicht einmal guten Geschmacks lange erreicht! Ich bin mir darüber im Klaren - wo für wahrscheinlich weit mehr als tausend Personen gekocht wird, kann der Geschmack einer einzelnen Person kaum getroffen werden. Aber so weit darf die klang- und phantasievolle Bezeichnung eines Essens auf dem Speiseplan nicht von Erscheinungsbild und Geschmack auf dem Teller abweichen.

Der, der mir das Essen ans Krankenbett bringt, hat eines mit dem gemeinsam, der unter meinem Krankenbett wischt. Sie sprechen beide nicht meine Sprache. Das ist für sich kein Problem, spiegelt aber ein Problem wieder. Sie tun es für einen Lohn, der die in diesem Lande zu viel hingenommene träge Gemütlichkeit und damit den

Vorteil des Bezugs von Hartz IV nicht in Frage stellt. Kaum ein deutscher Arbeitsloser wird für dieses Geld sein Sofa verlassen wollen. Und wenn ich auf die Frage nach der Höhe ihres Stundenlohns keine Antwort bekomme wird das nicht an den schlechten Sprachkenntnissen der Servicekräfte liegen. Ihre arbeitgebenden Vertragspartner und deren zu vermutende Forderung nach Stillschweigen zur Entlohnung scheinen sie jedenfalls verstanden zu haben. Wozu gibt es einen gesetzlich verankerten Mindestlohn von derzeit 9,35 €, wenn es für Arbeitgeber und ihre ausgelagerten Arbeitgeber gleichzeitig so viele Wege gibt, ihn zu umgehen?

Das Getriebe eines PKW ist ein besser zu kalkulierender Arbeitsgegenstand als ein Nierenstein. Es wird in Normzeit gewechselt und wenn die letzte Schraube festgezogen ist, kann das Auto wieder vom Hof. Es wird nicht jammern und klagen, braucht keine Schmerztablette, keine Wundversorgung und keinen pflegenden Kfz-Schlosser. Wenn jetzt einer meint, beides könne man nicht in einen Topf werfen, dann sei ihm gesagt, dass das Abrechnungsprinzip beim Getriebe in Teilen auch Anwendung beim Nierenstein findet. Krankenhäuser rechnen ihre Leistungen bei den Krankenkassen über die sogenannte Fallpauschale ab. Es ist also festgelegt, wie viel Zeit für die Entnahme des Nierensteins und den anschließenden Aufenthalt im

Krankenhaus anzusetzen ist. Bestimmte Arbeitsprozesse zeitlichen Normen zu unterwerfen macht sicher auch Sinn. Es macht sie planbarer und damit auch kalkulierbarer. Ansonsten müsste ich darauf achten, ob bei den heutigen Stundensätzen für Handwerker der Kfz-Schlosser, der mit dem Wechsel des Getriebes an meinem Pkw beauftragt ist, Nichtraucher ist. Im anderen Fall könnte es für mich teuer werden, wenn er so viele Rauchpausen bräuchte wie ich zu meinen Zeiten als Raucher.

Ich stelle mir gerade einen operierenden Arzt vor, der eine Rauchpause macht.
Nein, auch wenn es diese Parallelen bei der Abrechnung gibt, ich will das eine, das Entfernen eines Nierensteins, nicht mit dem anderen, dem Wechsel eines Getriebes, gleichsetzen.

Als ich, wie schon an anderer Stelle erwähnt, an der Schulter operiert wurde, wurde mir keine 24 Stunden nach der Operation die Entlassung für den Vormittag des Folgetages angekündigt. Ich hatte unendliche Schmerzen, war in jeder meiner Bewegungen eingeschränkt und noch nicht in der Lage, irgendeine Anforderung des Alltags außerhalb eines Krankenhauses bewältigen zu können. Auch der Hinweis, dass eine Betreuung auf Grund der Arbeitssituation meiner Frau erst am späten Abend des Entlassungstages gewährleistet sei, brachte mir keine Stunde Verlängerung. Mein

Pech war, dass das Zeitpensum, das die Fallpauschale für die operative Versorgung einer Schulter nach Sprengung der Schultergelenkkapsel vorsieht, schon aufgebraucht war. Die Ärzte des Krankenhauses hatten trotz meiner Hinweise vier Tage gebraucht, diese Verletzung überhaupt zu diagnostizieren, um dann erst die Operation anzusetzen. Zeit, die mir nach der Operation unter Verweis auf die Fallpauschale nicht mehr zugestanden wurde.

Eine Fallpauschale ist inhuman. Weil es um Menschen geht und nicht um die Reparatur eines Pkw.

Auf Grund der Art und der Schwere meiner Erkrankung COPD gelte ich als chronisch krank. Das ist mir auch mit einem amtlichen Schreiben bestätigt. Wenn ich hier alle Gesetze, alle Durchführungsbestimmungen zu den Gesetzen und die daraus resultierenden Regelungen der Krankenkassen anführen wöllte, die auf mich Anwendung finden können, hätte ich hier unendlich zu schreiben. Es ist gut, dass es solche Regelungen gibt, die einen Nachteilausgleich zum Ziel haben. Für mich ist fraglich, ob Art und Umfang der Regelungen und der damit verbundene Verwaltungsaufwand in vertretbarer Relation zum Effekt stehen. Wenn man davon absieht, dass sie auch Arbeitsplätze schaffen und somit Einkommen sichern (Dieser Satz gehört zum polemischen Teil des Kapitels).

Mir ist nach erheblichem bürokratischem Aufwand der Behindertengrad mit dem Kennzeichen „G" zuerkannt worden. Ich könnte jetzt nach einer einmaligen Zuzahlung von 80 Euro für ein Jahr kostenlos die öffentlichen Verkehrsmittel der Stadt Potsdam nutzen. Das klingt gut und ist sicher auch gut. Nur dass ich den Weg zu Bus- und Straßenbahnhaltestellen kaum mehr bewältige. Ich bin heute mehr denn je auf mein Auto angewiesen. Mit dem „G" im Schwerbehinderten-ausweis zahle ich nur 50 Prozent der Kfz-Steuer. Wenn ich nicht das Modell der ermäßigten Fahrt mit den öffentlichen Verkehrsmitteln gewählt habe. Fahre ich zum Beispiel einen Ford B-Max 1.0 EcoBoost, Baujahr 2017, spare ich einmalig im Jahr 28 €uro. Für diesen Betrag möchte ich keinen bürokratischen Aufwand betreiben und ihn auch niemandem zumuten. Allein sinnvoll wäre für mich der kleine Buchstabe „a" zum „G". Dann hätte ich Anspruch auf einen Behindertenparkplatz. Ich habe kürzlich einen Termin bei meiner Lungenärztin versäumt, weil nur ein Parkplatz in einer Entfernung zur Arztpraxis zu finden war, die ich an

diesem Tag nicht bewältigen konnte.

Vor dem Ärztehaus gibt es zwei Behinderten-parkplätze. Ich kämpfe seit fast einem halben Jahr um dieses kleine „a".

Als chronisch Kranker muss ich nur ein Prozent meines Bruttoeinkommens für Zuzahlungen aufwenden. Was darüber hinausgeht bekomme ich nach dem Sammeln, Aufkleben und Auflisten aller Belege und nach Einreichen eines entsprechenden formlosen Antrags zurückerstattet. Für das Jahr 2019 habe ich 18 Euro an Rückerstattung bekommen. Und das, nachdem ich Belege über 486 Euro eingereicht hatte. Fangen sie nicht an zu rechnen. Neid ist keine produktive Emotion. Erst bezahlen sie einen sicherlich nicht unerheblichen Betrag für dieses Buch und dann müssen Sie feststellen, dass der Autor scheinbar über ein Jahreseinkommen verfügt, das ihn gar nicht auf Tantiemen aus dem Verkauf dieses Buches angewiesen sein lässt. Aber das ist nicht die ganze Wahrheit und was dahintersteckt ist folgendes: Ich bin der chronisch Kranke, ich erfülle die Voraussetzungen für die Einprozentregelung, ich habe im Jahr 2019 allein 486 Euro an Zuzahlungen geleistet. Zur Berechnung der Zuzahlungsgrenze wird aber nicht nur mein Einkommen, sondern das gesamte Familieneinkommen herangezogen.
Ich nenne das ungerecht. Und es wird noch ungerechter, wenn der Ehepartner sich selber zurücknimmt, wenn er die eigene Gesundheit vernachlässigt, weil er für den bedürftigeren Partner da sein will.
Und wieder und noch einmal Danke, Bärbel.

So. Ich habe ein Buch über eine Krankheit geschrieben, ohne über fundierte medizinische Kenntnisse zu verfügen. Ich habe ein Kapitel eingefügt, in dem ich Ausflüge auf biologisches und physikalisches Gebiet wage. In diesem Kapitel spiele ich den Experten für Gesundheitspolitik und Ökonomie. Ich weiß, dass alles sehr, sehr vereinfacht von mir dargestellt ist. Möglicherweise auch einiges nicht mit der Korrektheit, auf die es uneingeschränkten Anspruch hat. Ich wollte niemandem Unrecht tun, habe nichts geschrieben, was einem Selbstzweck dient, der allein darauf gerichtet ist, mich oder mein Schreiben wichtig zu machen. Ich wollte nur beschreiben, was ich erlebe und wie sich das in meinem Leben wiederspiegelt.

Dieser Absatz kann eigentlich als Schluss für das ganze Buch stehen.

Dann fehlt mir aber noch ein Schluss für dieses Kapitel. Hier ist er:
Ich bin kein Experte für Gesundheitspolitik. Ich wollte nur beschreiben, wie sich die Gesundheitspolitik unseres Landes im Prisma meiner Krankheit bricht und in meinen Augen darstellt. Solch ein Beschreiben kann nur subjektiv sein. Und damit auch mein Empfinden, dass dieses Gesundheitssystem eine Behandlung braucht.

Danke und Sorry

Mal ganz ehrlich – ich mag es nicht, wenn sich Autoren am Ende ihres Buches eine Seite lang in Dankbarkeit ergehen, weil Menschen ihnen zugehört haben, weil sie von ihnen zum Weitermachen ermutigt wurden, weil sie immer wieder einen guten Rat gehört haben und weil die Kaffeekane nie leer war, weil Ruth, ohne weiter zu stören, immer wieder eine neue, volle hingestellt hat.

Ja und? Der Schriftsteller hat seine Arbeit gemacht. Sein Job ist es, zu schreiben.

Peter Lehmann geht jeden Tag bei VW in Wolfsburg ans Band und schraubt Autos zusammen.

Er wird sich am Ende des Tages weder bei Herbert Diess bedanken, weil der ihm den Arbeitsplatz bereitstellt, noch bei seiner Frau, die ihm morgens die Pausenbrote in die Tasche schiebt und ihm abends die Schiebermütze vom Kopf nimmt und an den Garderobenhaken hängt.

Auch Manne Krüger, der den 98er Bus Richtung Werksgelände fährt, mit dem Peter Lehmann jeden Tag zur Arbeit und danach wieder nach Hause kommt, wird keinen Dank erfahren.

Alle machen nur selbstverständlich ihre Arbeit.

Sicher gibt es mehr Menschen, die gut ein Auto zusammenschrauben können, als Menschen, die ein gutes Buch schreiben können. Schriftsteller sind, wie andere Künstler auch, tatsächlich mit einer besonderen Gabe gesegnet. Aber dann haben sie diese Gabe auch zu nutzen, müssen gute Bücher schreiben und können nebenbei auch noch froh darüber sein, dass sie nicht jeden Morgen pünktlich ans Band müssen.

Damit ich nicht falsch verstanden werde: Ich habe nichts gegen das Danke sagen. Mehr davon würde unsere Welt heller und freundlicher machen. Aber es sollte der Dank von Angesicht zu Angesicht sein. Der, bei dem man sich in die Augen schaut. So wie sich Peter Lehmann bei seiner Frau für die Pausen-brote und für das Abnehmen der Schirmmütze bedanken sollte.

Jeden Tag wieder.

Nur, muss solch Dank in hundert-, nein tausendfacher Ausführung gedruckt in die Welt hinausposaunt werden? Als Leser des Buches kenne ich Frau Müller nicht, die dem Schriftsteller X laut Danksagung unzählige Nächte geduldig zugehört hat. Da ich davon ausgehe, dass sie das Buch gelesen hat, nachdem sie es möglicherweise als Zeichen der Dankbarkeit geschenkt bekommen hat, hoffe ich, dass sie den Dank nicht allein am

Ende des Buches nachlesen musste, sondern ihn bei einem Glas Wein persönlich aus dem Mund des Schriftstellers hören durfte.

Mein Gott, was mache ich hier?

Ich schreibe mich um Kopf und Kragen.

Warum wohl nenne ich dieses Kapitel hier „Danke und sorry"? Was sonst, als das gerade Gescholtene sollte darin vorkommen?
Wie kriege ich nach dieser Einleitung die Kurve?

Ich fange einfach mit dem Sorry an. Sorry klingt nach Entschuldigung. Ich denke, dass es für mich wenig Grund gibt, mich entschuldigen zu müssen, weil ich mich auf diese Sucht eingelassen habe. Zumindest macht es wenig Sinn. Und wenn überhaupt, müsste ich mich zuerst bei meinem Körper entschuldigen, dem ich damit am meisten zugesetzt habe. Und der zahlt's mir ja gerade zurück und irgendwie sind wir damit im Gleichgewicht, was Schuld oder die Ausgeglichenheit von Bilanzen betrifft.
Nein, sorry bedeutet auch, dass einem etwas Leid tut. Nicht im Sinne von „Entschuldigung dafür", sondern im Sinne von „Das tut mir weh, das bedauere ich.". Und es gibt vieles, was mir weh tut, was ich bedauere.
Ich bedauere es, meiner Frau nicht mehr der Partner sein zu können, den sie mal glaubte

kennen gelernt zu haben. Sei es die fehlende
Körperlichkeit, sei es der oft überschattete
Frohsinn oder die verlorene Leichtigkeit. Meine
Krankheit mit all ihren Begleiterscheinungen hat
sich wie ein träges Tuch auf unseren Alltag gelegt.
Ich bedaure es, dass ich Dir einen Teil Deiner
Kraft raube, den Du für Dich allein, und nur für
Dich besser brauchen könntest. Oder auch für
andere Menschen, die Dir neben mir noch wichtig
sind. Und auch wenn man sich einst versprochen
hatte, in guten und in schlechten Zeiten
zueinander stehen zu wollen, die Schwere dieses
Versprechens lässt sich erst im Moment des
Einlösens ermessen. Im Moment des Gebens kann
man noch nicht ahnen, wie schwer die Last des
anderen auf den eigenen Schultern liegen kann.
Ich bedaure es, Dir zu viel und zu oft eine Last zu
sein. Ich bedaure es, mit der eigenen
schwindenden Kraft auch Deinen Wirkungskreis
einzuengen. Es tut mir Leid, Dir mit meinem
Husten und allen anderen Geräuschen, die aus
meinen zerstörten Atemwegen dringen, die
Nachtruhe zu rauben. Und es tut mir nicht zuletzt
Leid, wenn meine eigene, oft depressive
Unzufriedenheit sich wie ein Schatten auf Dein
Gemüt legt.

(Aber ich freue mich darüber, dass ich mir das
alles von der Seele schreiben kann, ohne von Dir
unterbrochen zu werden. Du würdest es in Deiner

Uneigennützigkeit nicht hören wollen und hättest mir schon nach dem zweiten Satz das Wort entzogen.)

Zu unserem Leben gehört Alexander, unser Enkel. Das Leben hat es so gefügt, dass er, inzwischen 13 Jahre alt, wie ein Sohn zwischen uns aufwächst. Mit ihm haben wir eine nicht immer leichte, aber immer großartige Zeit. Und auch und gerade bei ihm bedauere ich es, dass ich ihm in seinen wichtigen Jungenjahren immer weniger ein Partner sein kann. An der Tischtennisplatte, auf dem Fußballplatz, unter dem Basketballkorb. Auch wenn sich bei ihm selber inzwischen das Interesse von den genannten Orten entfernt und ihm kleine technische Geräte mit diversen Tasten und Knöpfen in den Händen genügen. Aber wie soll ich eine Tischtenniskelle in seinem Kopf am Leben erhalten und so die in meinen Augen sinnvollere Freizeitbeschäftigung von ihm einfordern, wenn ich diese selber kaum noch in den Händen halten kann?
Gut. Halten kann ich sie schon noch. Und eine Zeitlang konnte ich mangelnde Kondition mit erfahrenem Stellungsspiel wettmachen. Und eine kurze Zeit hielt ihn bestimmt auch sein Erfolg, sprich sein Sieg gegen mich an der Platte fest.
Ich wäre gern länger und höher mit Dir auf Bäume geklettert. Ich wäre gern länger ein „toller Hecht" gewesen, mit dem Du gern im Schwimmbad

herumgetobt hättest. Und jetzt mal ganz egoistisch, nur für mich gesprochen: Ich wäre schon gern, nur um der eigenen Lust willen, die große Rutsche im BLU heruntergerutscht. Ich schaff's halt nur nicht mehr bis hoch.

Gemeinsam versetzen wir Berge

Lieber Opa,

Ich wünsche dir alles Liebe und Gute zum Geburtstag.
Ich bedanke mich bei dir, was du alles mit und für mich getan hast.
Klar, ich könnte jetzt sehr, sehr viel aufschreiben, was wir gemacht haben, aber dafür würde der Platz nicht reichen.
Ich wünsche dir noch einen tollen und schönen Geburtstag.

Ich liebe dich unendlich und das für immer.
Dein Alex

Ich hoffe, dass Dir nicht irgendwann einmal rückblickend etwas fehlen wird. Wenn doch, dann

habe ich nicht bemerkt, dass ich zu wenig gegeben habe.
Oder ich konnte nicht mehr geben.

Inzwischen verändern sich die Dinge. Und so, wie wir versucht haben, Dich ins Leben zu begleiten, begleitest Du immer mehr unser Leben, wirst du uns immer mehr eine Stütze und gibst uns Kraft indem Du uns die Gewissheit gibst, dass wir vieles mit Dir richtig gemacht haben.

Danke, dass es Euch gibt und Danke, dass Ihr an meiner Seite seid. Ohne Euch wäre der Weg mit dieser Krankheit nicht zu bewältigen. Ohne Euch hätte der Wille, den Weg bewältigen zu wollen, zu wenig Halt und Fundament.

Mit euch die Kraft des Lebens erleben

Jetzt habe ich schon mehrfach das Wort Danke in mein Schreiben einfließen lassen. Habe ich mehr und besseren Grund dafür als Schriftsteller X? Ich behaupte ja. Ich bedanke mich nicht dafür, dass mir das Schreiben ermöglicht wird, ich bedanke mich dafür, dass mir Leben ermöglicht wird. Kann sein, dass manchem Schriftsteller Schreiben gleich Leben ist. Aber er wird es überleben, wenn ihm Schreiben, aus welchem Grund auch immer, nicht möglich ist. Mein physisches Überleben ist nicht gesichert. Es ist von vielen Faktoren abhängig. Es ist von vielen Menschen abhängig. Es ist von den Menschen abhängig, die ich in diesem Kapitel an erster Stelle erwähnt habe. Die mich mit ihrer Liebe, mit ihrer Anteilnahme und ihrer Hilfe tragen. Die mir immer wieder die Kraft geben, auch nach einer erneuten Exazerbation den nächsten Tag in Angriff nehmen zu wollen. Die mit mir leiden und so mein Leid ein kleines Stückchen kleiner machen.

Mein Dank geht auch an alle Menschen, deren Beruf es ist, sich mit der Krankheit und damit mit mir als von dieser Krankheit Betroffenem zu befassen. Ob sie in Arztpraxen arbeiten oder ob sie ein kleines oder auch größeres Rädchen im Räderwerk großer Gesundheitsfabriken sind. Mein besonderer Dank geht an die rettenden Mitarbeiter der Rettungsdienste. Ich habe das Wort „Retten" absichtlich in doppelter Anwendung gebraucht. Weil es das Wort ist, das am besten beschreibt, was ich bewusst oder in manchen Fällen schon gar nicht mehr bewusst als Geschehen erlebte. Ich habe mich mehrfach einfach nur gerettet gefühlt. Mit meinem Dank verbindet sich auch die Bitte um Entschuldigung. Ich habe zu lange nicht das gelebt, was mir die Krankheit vorgegeben hat. Was mir Ärzte vorgegeben haben. Damit habe ich vieles, was an Mühe aufgewendet wurde, in den Ordner „Umsonst" verschoben. Niemand wird sagen können, ob diszipliniereteres Patienten-verhalten meinerseits zu einem besseren Stand heute geführt hätte. Aber sicher ist, dass ich die Chance nicht genutzt habe, einen besseren Stand überhaupt als Option zu haben.

Und nicht zuletzt will ich mich bei allen Autoren für meine Polemik entschuldigen. Es steht mir nicht zu, jemandem das Recht abzusprechen, Dankbarkeit zu äußern. Es steht mir auch nicht zu, die Art und Weise in Frage zu stellen, wie Dankbarkeit geäußert wird. Ich habe kurz überlegt, einen anderen Einstieg in das Kapitel zu wählen, dann aber entschieden, es dabei zu belassen. Auch wenn mir meine Polemik möglicherweise übelgenommen wird, war sie mir doch Mittel zum Zweck, meine eigene Dankbarkeit in ein besonderes Licht zu rücken. Das war mir wichtig und dafür habe ich Sie missbraucht.
Danke und Sorry.

Die größte Kraft des Lebens ist der Dank.

Hermann von Bezzel 1861 – 1917

Nachtrag:
Inzwischen habe ich die Erfahrung gemacht, dass
es Hilfe braucht, solch ein Buch zu schreiben.
Wenn man zum Beispiel beim Schreiben den Kopf
so voller Gedanken hat, die man alle so dringend
aufs Papier bringen will, dass einem die Recht-
schreibung fast egal wird. Danke, Grit, dass du der
deutschen Sprache zu ihrem Recht verholfen hast.
Oder wenn man begreift, dass nicht nur der Inhalt,
sondern auch die Form wichtig ist. Danke,
Sebastian, Danke Paula.
Und noch einmal Dank an meine Familie, die es
akzeptiert, wenn ich die Tür hinter mir zumache
um zu schreiben und mich so aus unserem
gemeinsamen Leben herausnehme.

Was man von mir lernen kann

Ich weiß nicht, was man von mir lernen kann.

Ja, ich habe es geschafft, nicht mehr zu rauchen. Aber ich kann kein Rezept, keinen Weg und keinen Plan aufzeigen, der von anderen zu befolgen wäre, um zu gleichem Ergebnis zu gelangen. Ich habe das mit dem Rauchen so lange gemacht, bis mir mein Körper unmissverständlich signalisiert hat, dass er das nicht mehr mitmacht. Ich musste keinen Willen mehr aufbringen, es wurde mir von meinem Körper aufgezwungen.

Wenn ein Auto ausrollt und dann stehen bleibt, weil der Motor streikt, kann man das auch nicht als Beispiel für erfolgreiches Bremsen darstellen.

Aber dieses Bild taugt schlecht als Vergleich und damit zu Beispielhaftem. Keiner sollte darauf vertrauen, dass der Karren irgendwann einmal von allein zum Stehen kommt. Die Gefahr, dass die Fahrt vorher an einem Baum endet oder eine Kurve nicht mehr sicher durchfahren werden kann, ist zu groß. Vorher anhalten und vorher aussteigen ist die bei weitem bessere Entscheidung. Aber dazu braucht es mehr Energie und mehr Willen, als ich auf irgendeiner Seite dieses Geschriebenen hier anzubieten habe.

Was also sollte man von mir lernen?

Reicht es darzustellen, wie man es nicht machen sollte? Und es dann dem Lesenden zu überlassen, den richtigeren und damit besseren Weg für sich zu finden?

Wenn es so einfach funktionierte, wäre es eine Möglichkeit. Wenn ich nicht an die Möglichkeit glauben würde, hätte ich mir das Schreiben sparen können. Aber ich bleibe noch einen selbst-zerstörerischen Moment bei pessimistischen Gedanken: Seit mehr als fünf Jahren sind die offensichtlichen, bedrohlichen Auswirkungen der Krankheit COPD, zurückzuführen auf das Rauchen, bei mir nicht mehr zu übersehen und nicht mehr zu leugnen. Seit also mindestens fünf Jahren können alle Menschen in meinem engeren und weiteren Umkreis an meinem Beispiel beobachten, wie diese Krankheit sich entwickelt und wie sie meine Lebenskreise immer bedrohlicher einengt. Und sie erleben auch die Dynamik, die diese Krankheit entwickelt. Die permanente Verschärfung der Krankheitssymptome ist nicht zu übersehen und schon gar nicht zu leugnen.

Trotzdem hat bis heute keiner der Rauchenden unter ihnen für sich daraus Konsequenzen gezogen. Keiner hat sein Rauchverhalten geändert, es eingeschränkt oder das Rauchen gar ganz aufgegeben. Niemanden bringt das unmittelbar in meiner Person erlebbare Beispiel dazu, sein eigenes Verhalten zu ändern. Niemandem bin ich ein Grund, eigenes Rauchen als gefährlich wahrzunehmen und die Risiken auch für sich selbst als Möglichkeit in Betracht zu ziehen.

Warum sollte ich dann mit meinem Schreiben etwas erreichen?

Es gibt keinen anderen und es gibt keinen besseren Weg, als immer wieder zu versuchen, erklärend und aufklärend, mahnend und drängend auf die Menschen zuzugehen.

Ich habe in den Anfängen meines Raucherlebens mal eine Ausstellung besucht, die die Folgen des Rauchens zum Inhalt hatte. Dabei sah ich auch die sehr erschreckende Abbildung einer durch das Rauchen stark geschädigten Lunge. Es hat mich nicht vom Rauchen abgehalten. Aber es muss scheinbar doch so beeindruckend gewesen sein, dass ich mich heute, etwa 40 Jahre später, noch daran erinnern kann. Vielleicht wäre es hilfreicher gewesen, wenn ich nicht nur diese Abbildung, begleitet von medizinischem Fachtext, gesehen hätte, sondern auch den Menschen gehört hätte, der mit dieser Lunge leben musste. Ich glaube, es wäre nachhaltiger gewesen zu erfahren, welche Schwierigkeiten die Lunge bereitet hat, normalen Alltag zu bewältigen, als zu lesen, wie viel Liter Sauerstoff sie nur noch aufnehmen und verarbeiten konnte.

Und mit dieser Hoffnung habe ich geschrieben. Ich möchte mit der Beschreibung des von mir Erlebten begreifbarer und nacherlebbarer sein als ein medizinischer Fachtext. Von einem Arzt gesagt zu bekommen, was da möglicherweise in der Ferne etlicher Jahre auf einen Betroffenen zukommen kann, wenn der gerade nur etwas mehr hustet und eine Treppe nicht mehr drei Stufen auf einmal nehmend in Geschwindtempo bewältigt, weil die Luft nicht mehr für drei Stufen auf einmal reicht, ist eine Sache. Und egal, was für ein Verhältnis der Betroffene zu seinem Arzt hat oder mit wie viel Vertrauen er ihm gegenüber sitzt, es bleibt bei der Beschreibung einer theoretischen Möglichkeit, die leider noch zu weit entfernt ist von den ersten Anzeichen, die den Betroffenen zum Arzt getrieben haben. Und ich schreibe „leider", weil der Abstand zwischen einer Anfangsdiagnose und der entwickelten Krankheit so groß ist, dass das eine nur schwer mit dem anderen in Verbindung gebracht werden kann. Und ich kann nur hoffen, dass es eine andere Sache ist, wenn man - in diesem Falle lesend – in dem von mir beschriebenen einen Menschen erlebt, an dem sich das vom Arzt bedrohlich in die Zukunft Projizierte festmachen lässt, der den düsteren Prognosen Gestalt gibt.

Manchmal glaube ich zu pessimistisch geschrieben zu haben. Taugt man so zum Beispiel, dem man lernend folgen möchte? Aber ich konnte nicht anders schreiben. Das ist das, was ich (er)lebe, was ich fühle, was ich mit dieser Krankheit geworden bin. Vielleicht ist auch der Ansatz falsch, dass ich alles dem Wunsch unterordne, dass mein Beispiel potenziell Gefährdeten oder schon Betroffenen helfen möge, bessere Entscheidungen für sich zu treffen. Vielleicht sollte ich einfach darauf vertrauen, dass das von mir Beschriebene genug Ansatzpunkte bietet, mit deren Hilfe viele sich wiederfinden, sich in ihrer momentanen Situation erkennen und so einem Weg ausweichen können, der vielleicht schon betreten, aber immer noch genug Ausweichmöglichkeiten bietet, ehe er zur Sackgasse wird.

Vielleicht können wir es so machen: Ich habe euch Angebote gemacht. Ich habe euch sozusagen den Tisch gedeckt. Ihr könnt euch bedienen, wie es euch beliebt. Jeder nach seinem Geschmack, jeder nach seinen Bedürfnissen, jeder soll entscheiden, was er sich auf seinen Teller lädt. Es sind kaum Leckereien, die da bereitstehen. Aber wer, wie ich, den Großteil seines Lebens mit Zutaten wie Nikotin, Teer und den beschriebenen mehr als 70 erwiesenermaßen krebserregenden Stoffen hantiert hat, darf sich nicht beschweren, wenn am Ende nicht schmeckt, was da aufgetafelt wird.

Ich verzettele mich. Ich komme nicht so richtig auf den Punkt. Ich bin in diesem letzten Kapitel angetreten herauszuarbeiten, was man von mir lernen kann. Vielleicht packe ich einfach den Lehrer aus und recke mahnend den Zeigefinger:

- Fangt nicht an zu rauchen!
- Wenn ihr gerade beim Anfangen seid, hört gleich wieder auf!
- Wenn ihr schon zu lange dabei seid und Aufhören zu einem Problem geworden ist bedenkt, dass das Problem nie wieder so klein sein wird wie heute.
- Wenn euch irgendwann die Puste ausgeht, müsst ihr nicht gleich Sport treiben. Ja, ihr könntet mit Waldläufen die ersten Auswirkungen von Tabakmissbrauch kompensieren. Aber was, wenn es regnet, oder Frost und Schnee vor der Tür über euch herfallen? Also nicht gleich in wilden Aktionismus verfallen. Einfach das Rauchen lassen und ihr braucht nicht bei Wind und Wetter im Wald herumzuhecheln.
- Und jetzt wieder ernst: Ihr habt schon zu lange und zu viel geraucht. Euer Körper signalisiert es euch. Treppenstufen werden eine körperliche Herausforderung, Atemnot wird zum Tagesbegleiter, (Raucher)husten gesellt sich dazu. Hört auf euren Körper, geht zum Arzt.
- Wenn der Arzt nach entsprechenden

- Untersuchungen die Diagnose COPD stellt glaubt ihm. Glaubt daran, dass ihr einen Weg betreten habt, den ihr so schnell als möglich wieder verlassen müsst.
- Hört auf euren Arzt. Folgt eurem Arzt. Fragt nach. Auch wenn ihr euch noch so weit vom angedrohten Szenarium entfernt glaubt. Der lästige Husten vom Tag der Erstdiagnose kann zum lebensbedrohenden werden, wenn ihr die Erstdiagnose nicht ernst nehmt.
- Euer Leben wird sich von diesem Tag an ändern. Medikamente, Tabletten und Sprays, gehören ab jetzt dazu. Ihre regelmäßige Einnahme wird euch Disziplin abverlangen. Wenn ihr diese Disziplin nicht aufbringt, wird es euch beständig schlechter gehen. Möglicherweise wird es euch auch mit Medikamenten schlechter gehen. Es werden Momente kommen, in denen ihr euer Leben wenig lebenswert findet. Was, wenn ihr euch dann fragen müsst, ob es euch nicht besser ginge, wenn ihr eher und mit mehr Ernsthaftigkeit gegen die Krankheit angegangen wärt?
- Und jetzt nehmt einen grellen, signalfarbenen Textmarker und hebt die folgende Zeile hervor:
Hört sofort auf mit dem Rauchen!
Seid nicht so unsagbar dumm wie ich, der

noch mehr als zehn Jahre weiter geraucht hat. Ich weiß sehr sicher, dass es mir heute besser gehen könnte.

Und ein letztes Mal zurück zu meiner Eingangsfrage: Was kann man von mir lernen?

Vielleicht etwas, das ich selbst erst lernen musste. Und jetzt gestattet mir, dass ich mich neben den Tellerrand der eigenen Erkrankung stelle. Dass ich mich selbst als Person aus meinem Schreiben herausnehme. Es geht um Kranksein, egal welcher Art. Es geht nicht mehr um mich, es geht um alle Menschen, deren Leben von einer Krankheit beeinflusst oder eingeschränkt oder sogar bedroht ist, egal, wie diese Krankheit auch heißt.

Und als Beispiel bemühe ich noch einmal meine Schwiegermutter Ingelore, die in anderen Kapiteln schon auftauchte. Sie steht beispielhaft für etwas, ohne das kein Kranker seinen Tag beginnen sollte:

Willen.

Der unbeugsame Wille, auch diesen Tag wieder bestehen zu wollen. Der unbeugsame Wille, jeden Schmerz, jede Einschränkung zu überwinden, um keinen Verlust an Lebensfreude zuzulassen. Mehr noch – um einen Mehrgewinn an Lebensfreude haben zu können. Weil man sich erkämpft hat, was anderen, den Gesunden, zum Beispiel bei einem einfachen Spaziergang leichter zum freudigen

Erlebnis wird. Und zur Veranschaulichung eine letzte Geschichte, die mich auch heute noch, zwei Jahre später, beeindruckt und die meine Einstellung zur eigenen Krankheit verändert hat:

Wir hatten an der dänischen Nordseeküste ein großes Haus gemietet. Es musste so groß sein, weil wir in großer Schar anrückten: Vom 12-jährigen Urenkel mit Freund über die „mittlere" Generation der Töchter mit Freundin und Ehemann (das bin ich), bis hin zur damals 85-jährigen Mutter, Großmutter und Urgroßmutter Ingelore. Vier Generationen unter einem Dach, vier Generationen mit ihren Wünschen an Urlaub und mit ihren Möglichkeiten, die Wünsche auch begrenzen konnten.

So wie bei mir und meiner Schwiegermutter. Ich konnte nur noch schwer laufen, weil die Atemnot nicht mehr zuließ, Ingelore, weil ihr zu diesem Zeitpunkt mehr als 80 Lebensjahre, ein Hüftschaden und Osteoporose und Arthrose zusetzten. Und das an der dänischen Nordsee, wo eine ungeheuer beeindruckende Küstenlandschaft zum Wandern einlädt. Wo den Urlauber eine großartig anzuschauende Dünenlandschaft erwartet, die aber beinahe mittelgebirgsähnliche Züge aufweist, die sich wie die zu überwindenden Kuchenberge des Schlaraffenlands vor der Küste auftürmen und den Weg zum Strand zu einer Herausforderung machen.

Wir haben uns gemeinsam der Herausforderung gestellt.

Wir sind so nahe wie nur möglich an den Strand herangefahren und haben uns auf den Weg gemacht. An der Ostsee gibt es nur eine Düne, die zu überwinden wäre. An diesem Teil der Dänischen Nordsee folgt eine Düne auf die andere. Wir mussten natürlich Pausen einlegen. Aber wenn unsere Füße ausruhten, hatten unsere Augen zu tun. Es tat unendlich gut, den Blick schweifen zu lassen und diese ungewöhnliche Landschaft in sich aufzunehmen. Und wie überwältigend war der Moment, da der letzte Anstieg genommen war und sich plötzlich die unendliche Weite der Nordsee vor uns auftat. Wir standen wie zwischen den Welten. Unter uns die bewegte Weite des Wassers, über uns ein geradezu kitschiger Sommerhimmel. Und beiden Welten waren wir irgendwie genauso nahe. Vielleicht lag es auch daran, dass wir unsere eigene Welt gerade ein Stückchen größer gemacht hatten.

An dieser Stelle wollte ich Halt machen und umkehren. Ich glaubte, unser Ziel erreicht zu haben. Wir hatten die Nordsee gesehen, wir hatten uns das mit großem Willen erkämpft. Ich dachte auch an den Rückweg, der uns noch mal das Gleiche abverlangen würde. Und er würde uns ein Vielfaches mehr abverlangen, wenn wir den letzten Abstieg hinunter zum Strand auch noch gewagt hätten.

Und dann kam „Nö!" von meiner Schwiegermutter.
Sie wollte die letzten Schritte auch noch gehen.
„Wenn ich schon so weit bin, dann will ich da auch
noch runter gehen.", klang es entschlossen von
ihrer Seite.

Und wir waren unten. Wir haben auch noch den
sehr breiten, weichen Strand bis zum Wasser
überquert. Und weil wir beide nicht mehr so flink
auf den Beinen sind gelang es uns nicht immer,
rechtzeitig den heranrollenden Wellen
auszuweichen. Aber die nassen Füße haben wir
lachend in Kauf genommen.

Was für eine Freude, was für ein Stolz in ihrem
Gesicht!

Und ich habe begriffen, dass man sich solche
(Lebens)freude erkämpfen muss. Auch wenn der

Weg mit einer Krankheit als Gepäck manchmal etwas schwerer zu gehen ist. Und auch wenn man

sich dabei nasse Füße holen kann. Aber was sind nasse Füße gegen die Erfahrung, dass man erfolgreich den vermeintlichen Grenzen seiner Krankheit getrotzt hat.

Und ganz sicher ist das das Wichtigste: Sich nie von einer Krankheit unterkriegen zu lassen. Egal, wie sehr sie an einem zerrt. Ihr mit nie nachlassendem Willen zu begegnen. Und das mit allen Möglichkeiten, die einem an die Hand gegeben sind: Mit Medikamenten, mit Disziplin, mit Ausdauer und dem nie versiegenden Wunsch, auch den nächsten Tag noch erleben zu wollen.

Und immer wieder den danach auch noch.

Nachtrag Corona

Als ich 2018 mit der Arbeit am Manuskript „Zwischen Lippenbremse und Nasenbrille" begann, war noch nicht abzusehen, dass keine zwei Jahre später Covid19 unser Leben derart verändern würde. Als ich am letzten Kapitel schrieb, war die Ausbreitung des Virus nicht nur in Potsdam auf einem Höhepunkt. Und da ich als schwer an COPD erkrankter natürlich zur Gruppe der Risikopatienten mit Vorerkrankungen gehöre, war es wenig überraschend, dass ich eines Tages im April 2020 auch zu den Betroffenen gehörte. Es begann mit einer schweren Exazerbation, die in einer Lungenentzündung gipfelte. Und wieder die Fahrt im Rettungswagen, wieder die Notaufnahme des Krankenhauses, nur dieses Mal dann die Intensivstation. An die folgende Woche auf der Intensivstation kann ich mich nur schemenhaft erinnern. Hohes Fieber lag wie eine Dunstglocke über mir und trennte mich von der Umgebung. Ich kann mich dunkel an mein Aufbegehren erinnern, als man mich ins künstliche Koma legen wollte. Dagegen habe ich mich gewehrt. Ich wollte die Kontrolle nicht abgeben.

Als wenn zu diesem Zeitpunkt noch von irgendeiner Kontrolle meinerseits die Rede sein konnte.

Manchmal tauchen Erinnerungsfetzen auf. In wachen Momenten sehe ich mich mit Schläuchen, Drähten und Kabeln an das Krankenbett und medizinische Gerätschaften gefesselt. Ich erinnere mich an Gullivers Reisen ins Land der Zwerge, die ihn im Schlaf mit unzähligen Schnüren und Seilen, die rings um ihn in die Erde gepflockt wurden, zur Unbeweglichkeit verurteilten. So fühlte ich mich in den wenigen wachen Momenten. Jeder Versuch einer lockernden Bewegung hatte zunehmende Unbeweglichkeit an anderer Stelle zur Folge. Als ich nach einer guten Woche die Intensivstation verlassen konnte, waren sich alle Beteiligten einig, dass es dafür auch eine nicht unerhebliche Dosis Glück gebraucht hatte.

Die folgenden Wochen verbrachte ich auf einer neu eingerichteten Station, auf der Covid-Erkrankte behandelt wurden, die keine intensive medizinische Pflege mehr brauchten. Wir wechselten oft die Zimmer, wir erlebten immer wieder neue Mitpatienten. All das war vor allem der Tatsache geschuldet, dass diese Krankheit jeden einzelnen, angefangen von höchstbürokratischer Ebene bis zum freundlichen Mitarbeiter, der dem Patienten das Essen ans Bett stellte, vor Herausforderungen stellte, die es vorher noch nicht gegeben hatte. Täglich glaubte man neue Erkenntnisse zu haben, die neue Reaktionen erforderten. Täglich gab es neue Anordnungen, wie mit der Erkrankung und den Erkrankten umzugehen sei. Den Ärzten und

Ärztinnen war Verunsicherung anzumerken. Die Auskunft, die sie bei einer Visite gaben, konnte am nächsten Tag schon nicht mehr stimmen. Wie oft änderte sich allein die Vorgabe, wie viele negative Abstriche ein Betroffener vorweisen muss, um als geheilt zu gelten oder in welchen Zeitintervallen diese Abstriche vorzunehmen sind. Niemandem ist daraus ein Vorwurf zu machen. Es gab und es gibt bis heute nichts Vergleichbares, aus dem man Erfahrungen und darauf aufbauende Schlussfolgerungen ableiten könnte. Und es ist mir ein unendliches Bedürfnis – und auch aus diesem Grund habe ich dieses Kapitel noch in mein Buch eingefügt – folgendes herauszustellen: Ich habe als Patient ein Höchstmaß an Einsatz und Hingabe erlebt. Und das unter erschwertesten Bedingungen für jeden, der mit mir und allen anderen Patienten befasst war. Sei es der Arzt oder die Ärztin, die Situationen beurteilen und bewerten mussten um Entscheidungen zu treffen. Oder Krankenschwestern und Krankenpfleger, die diese Entscheidungen umsetzen mussten. Oder Mitarbeiter und Mitarbeiterinnen des Servicebereiches, die so wichtig sind für das Wohlbefinden des Patienten. Alle haben ihre Arbeit in einer Weise gemacht, die nichts als Respekt, Bewunderung und Dank verdient hat. Ich habe mich seinerzeit mit einem offenen Brief an alle Mitarbeiter und Mitarbeiterinnen des Klinikum gewandt. Ich war froh, dass dieser im Intranet des Hauses veröffentlicht wurde, weil ich so viele von ihnen erreichen konnte. Ich will ihn auch in dieses Kapiteln einfügen, weil ich möchte, dass meine Dankbarkeit und meine Hochachtung auch noch in späterer Zeit erlebbar und nachvollziehbar bleiben. Und wenn ich bisher noch nicht den Namen der medizinischen Einrichtung genannt habe dann allein deshalb, weil ich der Überzeugung bin, dass der gleiche außergewöhnliche Einsatz auch in vielen anderen medizinischen Einrichtungen geleistet wurde und nicht nur den Mitarbeitern und Mitarbeiterinnen „meiner" Klinik Dank und Anerkennung zukommen sollten.

Hier also der Brief, der im Intranet des Klinikum veröffentlicht wurde:

ARBEITEN MIT HERZ
Die Helden des Klinikum

Man kann seine Arbeit gut machen. Mit nötigem Wissen, mit Fachkenntnis, mit allen Fähigkeiten und Fertigkeiten, die man sich angeeignet hat. Gewissenhaftigkeit, Fleiß und Ausdauer gehören unbedingt auch dazu. Und was bisher etwas blutleer und wenig emotional daherkommt, kann im beruflichen Arbeitsalltag ausreichend Grundlage sein für beste Arbeitszeugnisse.
Aber stellen wir uns vor, zu all dem bisher Aufgeführten bringt der Arbeitende auch emotionales Eingebundensein, also Mitgefühl, Herzblut, die Fähigkeit und die Bereitschaft mitzuleiden und sich mitzufreuen, in seine Arbeit

ein. Menschliches Empfinden, das wir unter dem Begriff Empathie zusammenfassen. Ohne es kleinmachen zu wollen - beim Montieren eines Golfs in Wolfsburg wäre das möglicherweise nicht so relevant. Bei der Arbeit mit Menschen, zum Beispiel mit Patienten in einem Krankenhaus, kann es von übergroßer Bedeutung sein. Ich habe es als Patient auf der Covid-Station des Klinikum erlebt, und ich will davon berichten. Ich will davon berichten, um die unendlich einsatzbereiten Mitarbeiter dieser Station zu würdigen. Ich will über sie schreiben, um sie aus dem Schatten der vorwiegenden Berichterstattung über Fehler oder Versäumnisse oberster Leitungsebenen zu holen. Ihre Arbeit sollte den Ruf des Klinikum prägen, sie sind es, die Schlagzeilen machen sollten.

Ich könnte jetzt davon berichten, was ich beobachtet habe: Wieviel schwerer es ist, mit kompletter Schutzbekleidung zu arbeiten. Wie sehr man selbst in einem leicht und luftig wirkenden Kittel ins Schwitzen gerät, wenn man einen hilfsbedürftigen Patienten wäscht. Wieviel weniger Luft man bekommt, wenn sich über der Atemmaske noch ein Schutzschirm aus Plexiglas wölbt, der den Kopf fast ganz umschließt, dessen Halterung Kopfschmerzen hervorruft und der jede Kommunikation erschwert. Und gleichzeitig schwitzen die Hände in den engen Handschuhen. Und diese Schutzkleidung wird wenigstens zwanzig Mal am Tag bei jedem Betreten eines Krankenzimmers von den Mitarbeitern angelegt und danach wieder ausgezogen, was nicht weniger aufwendig ist. Auch wenn es nur um eine Schmerztablettte geht, von der sich ein Patient Erleichterung in der Nacht erhofft.

Aber was ich weitaus berichtenswerter finde ist, dass trotz solch widriger Arbeitsbedingungen Hingabe an diese Arbeit und damit an den Patienten spürbar ist. Das kann eine Berührung sein (natürlich mit Schutzhandschuhen), Interesse am Patienten, das über das krankheitsbezogene Befragen hinausgeht. Es kann gemeinsames Lachen sein, das jede Schutzkleidung durchdringt und somit verbindet. Und auch in der nächsten Schicht weiß die Krankenschwester oder der Pfleger noch, was mich, den Patienten, sorgt oder was mich freut. Und die Küchenmitarbeiter wissen, dass ich den Kaffee mit Milch und zwei Löffeln Zucker mag. Und wenn ich ihnen sagte, dass ich Kaffee nur linksherum umgerührt trinke, würden sie ihn beim nächsten Mal links herum umgerührt hinstellen.

Ja, jetzt habe ich scherzhaft übertrieben. Es ist aus dem Wunsch entstanden, die Arbeit dieser Menschen zu würdigen. Und um auch diese Tatsache nicht unerwähnt zu lassen: Die sich selbst und damit auch ihre Familien mit ihrer Arbeit einem Risiko aussetzen. Und das alles zu würdigen rechtfertigt auch das Mittel der Übertreibung.

Aber ich übertreibe nicht, wenn ich abschließend schreibe:

Ich verneige mich in Dankbarkeit vor der Arbeit dieser Menschen.

Ich habe mich anfangs dagegen gesträubt als ich von vielen Seiten gedrängt wurde, den Inhalt dieses Buches durch ein Kapitel zum Thema Corona zu erweitern. Weshalb eigentlich? Ich habe mich in den letzten Jahren Fragen oder Sätzen verweigert, die mit „Hätte …" oder „Was wäre, wenn…" beginnen. Ich will es noch einmal zulassen: Was wäre passiert, hätte ich nicht die Krankheit COPD? Wäre ich dann auch an Corona erkrankt? Corona hat mein Leben innerhalb eines Monats mehr verändert, als es die Krankheit COPD in 10 Jahren geschafft hat. Ich bin zwar als geheilt entlassen worden, habe mich aber bis heute, fast einem halben Jahr nach der Infektion, nicht wieder erholt. Mein Leben hat kaum noch etwas mit dem Leben zu tun das mir noch vor Corona möglich war. In meinem Zimmer steht ein Pflegebett, daneben ein Sauerstoffgerät. Mein Auto musste ich verkaufen, dafür parkt jetzt ein Rollstuhl in der Kammer. Ich kann das Haus nicht mehr allein und ohne Hilfe verlassen. Und es hat nicht den Anschein, als könnte sich an diesem Zustand noch etwas ändern. Es ist inzwischen bekannt, dass Corona zu langanhaltenden Schädigungen führt, die langanhaltend behandelt werden müssen. Mir wurde eine REHA-Maßnahme bewilligt, die ich absagen musste. Zu weit hätten sich die

Entfernungen zwischen den aufzusuchenden Punkten auf dem ausgedehnten Gelände der REHA-Klinik gezogen, ich hätte sie nicht bewältigen können. Vor Corona konnte ich noch Wege gehen. Langsam zwar und unterbrochen durch häufige Pausen, aber mein Lebensradius hatte noch etwas mit Leben zu tun. Heute sind die Grenzpunkte eigener Beweglichkeit der Balkon, das Bad, das Bett und die Küche. Und „Vor Corona", „Seit Corona" und „Nach Corona" sind Zeitmarken geworden, die nicht nur Zeitpunkte und Zeitabschnitte markieren sondern auch Lebensabschnitte und Lebensmöglichkeiten begrenzen.

Es ist mir bewusst – oder nein, mir wird beim Schreiben dieses Kapitels gerade schmerzhaft bewusst - dass sich das hier entstehende neue Ende meines Buches doch deutlich vom vorherigen Ende unterscheidet. Aber meine Situation ist auch tatsächlich eine deutlich andere geworden. Trotzdem will und werde ich nicht von der Hoffnung lassen, dass es nicht beim „Nach Corona" bleibt, sondern dass „Nach Corona" auch „Vor etwas anderem" bedeutet. Auch wenn sich dieses Andere im Augenblick noch nicht so deutlich abzeichnet.

Aber da ist immer noch diese Lust auf Leben.

Auch wenn die Luft dafür nicht immer reicht.